복 있는 사람

오직 여호와의 율법을 즐거워하여 그 율법을 주야로 묵상하는 자로다.
저는 시냇가에 심은 나무가 시절을 좇아 과실을 맺으며 그 잎사귀가 마르지 아니함 같으니
그 행사가 다 형통하리로다. (시편 1:2-3)

격려를 통한 영적 성장

Larry Crabb · Dan Allender
Encouragement: The Key to Caring

격려를 통한
영적 성장

래리 크랩 · 댄 알렌더

김성녀 옮김

Encouragement: The Key to Caring

복 있는 사람

격려를 통한 영적 성장

2010년 11월 25일 초판 1쇄 발행
2019년 6월 13일 초판 7쇄 발행
2021년 4월 27일 재조판 1쇄 발행
2023년 8월 23일 재조판 3쇄 발행

지은이 래리 크랩·댄 알렌더
옮긴이 김성녀
펴낸이 박종현

(주) 복 있는 사람
주소 서울특별시 마포구 연남동 246-21(성미산로23길 26-6)
전화 02-723-7183(편집), 7734(영업·마케팅) 팩스 02-723-7184
이메일 hismessage@naver.com
등록 1998년 1월 19일 제1-2280호

ISBN 979-11-7083-014-6 03230

Encouragement: The Key to Caring
by Larry Crabb · Dan Allender

남편을 깊이 격려할 줄 아는 우리의 아내들,
레이첼과 레베카에게 이 책을 바칩니다.

차례

격려는 우리가 깊은 관심을 가져야 할 중요한 사역이다. 성경이 직접 격려를 권장한다는 것도 그 이유가 되겠지만, 그리스도인의 교제에서 격려가 주는 독특한 가치가 있기 때문이다. 구성원들이 서로 잘 맞는 그룹이라면 물론 잘 지내겠지만, 특별히 그리스도인들은 함께 보내는 시간을 통해 서로에게 영원히 남을 막중한 영향력을 끼칠 수 있기에 이것을 알고 모임에 임하면 함께하는 시간을 훨씬 풍요롭게 보낼 수 있다.

히브리서는 "서로 격려하라"고 말한다. 먼저 그리스도께서 과거 우리의 죄를 대신 담당하신 사역과 현재 대제사장이 되심으로 우리에게 주신 독특한 특권에 대해 살펴본 뒤에 (히 10:19-25), 우리에게 다음과 같은 세 가지를 잘 생각하라고 독려한다. 첫째, 우리는 그리스도 안에서 하나님이 완전히 용납하신 존재임을 자각하고 하나님께 나아가야 한다. 둘째, 우리는 하나님의 신실하심 덕택에 영원히 하늘나라에 들어갈 소망을 꽉 붙잡아야 한다. 셋째, 우리는 서로를 어떻게 격려할지 진지하게 생각해야 한다.

히브리서 3:12-14은, 순종의 길에 따르는 어려움 때문에 그리스도를 따르기로 결심한 마음이 약해질 수 있음을 다시 한번 상기시키고, 그러므로 서로가 서로를 격려해야 한다고 강조한다. 이 두 구절의 의미는, 각 사람이 주님과 좀 더 가까이 동행하고 그리스도 안에 있는 진리대로 살기 위해서, 서로 사랑하고 선한 일을 하도록 "격려하라"는 것이다.

따라서 이 책은 "서로 돌아보아 사랑과 선행을 격려하며…… 오직 권하여 그날이 가까움을 볼수록 더욱 그리하자"(히 10:24-25)라는 초대에 순종하려는 노력의 일환이다.

나는 초기 저작들을 통해서 상담은 교회가 해야 할 사역임을 널리 알리고자 힘썼다. 지역 교회는 곤경에 빠진 사람들을 회복시켜 영향력 있는 예배와 섬김의 삶을 살게 할 책임과 능력이 있다. 이 책임을 자각하고 상담 사역을 수용하는 교회들이 점점 많아지는 것을 볼 때 매우 뿌듯하다. 교회가 상담 사역에서 무엇보다 역점을 두어야 할 부분은, 성도를 격려자로 세우는 일이다. 개교회에 상담 사역을 정착시키려면 헌신된 성도들에게 격려를 통한 상담 기술을 훈련시켜야 한다.

격려를 간단히 정의하면 이렇다. **격려란, 삶이 쉽지 않을 때에도 상대방이 그리스도인으로 좀 더 성장하기 원하는 마**

음이 생기도록 돕는 일이다. 하나님의 은혜로 내가 당신에게, 그리고 당신도 내게 그러한 영향력을 끼칠 수 있다. 우리는 이 중요한 사역을 서로에게 어떻게 펼쳐 나갈지 정확히 이해하려고 노력해야 한다.

1장
들어가는 글

사람들을 이해하고 그들의 필요를 알면 알수록, 나는 하나님이 지역 교회가 그런 필요를 채워 줄 수 있도록 독특하게 설계하셨음을 깨닫게 된다. 그리고 이 확신이 커질수록 나의 당혹감도 커진다.

상대방에게 어떤 필요가 있는지 사람들은 대체로 알아차리지만, 지나치게 무감각하거나 자기중심적인 사람들은 잘 모르기도 한다. 그리스도와의 관계를 통해 상처가 치유된다는 사실을 조금만 곰곰이 생각해 보면, 상처가 깊은 사람도 상당 부분 치유될 수 있음을 알 수 있다. 하지만 우리는 덜 중요한 일에 매달려 정작 꼭 해야 할 일을 못한다. 그리스도의 거룩하심과 사랑을 가장 분명히 드러내야 할 교회조차도, 교회가 왜 존속하고 성장해야 하는지를 망각한 채 유지 보전

격려를 통한 영적 성장

에만 급급한 경우가 많다.

하나님이나 다른 사람들과의 관계는 삶에서 이차적인 관심사가 되고, 교회 시설이나 프로그램 확장, 간사 충원 등이 일차적인 관심이 될 때, 그리스도 안에 있는 풍성하고 영혼을 뒤흔드는 뜨거운 삶도 무감각해진다. 그리스도인의 삶은 (교회 리더십의 성격에 따라) 예수님을 위한 떠들썩한 잔치 아니면 짜증스러운 금지사항 일변도로 전락한다.

그리스도의 몸된 교회 안에서 관계의 근육을 부지런히 사용하지 않으면 결국 근육은 위축되고 교회는 절름발이가 된다. 출석률이 떨어지고, 주일학교 교사나 선교위원회의 봉사자들을 찾기가 힘들어지며, 모호하고도 무거운 무관심의 분위기가 교회 전체에 스며든다. 교회 리더들은 교회 생활의 핵심이 하나님을 예배하는 관계와 서로 사랑하는 교제 속에 있다고 보기보다는 나약한 헌신이나 지루한 예배, 또는 사람들의 완악한 태도를 문제로 진단하기가 쉽다. 물론 그것이 문제이고 치료가 필요할 수도 있지만, 핵심 문제는 그것이 아닐 수 있다.

이 문제에 대한 처방책으로 교회는 영혼을 사로잡는 떠들썩한 분위기를 조성하거나, 또는 기대한 만큼 열정을 보이지 않는 교우들에게 더욱 강한 헌신을 제도화하기도 한다. 예배는 가족 모임이기보다 정장 차림으로 참석해야 하는 연회처럼 세련된 전문가의 손길이 빛난다. 낙오자는 따로 불러내어 요란한 훈계를 함으로, 마치 교회 생활이란 엄격한 소위가 지휘하는 장기 신병 훈련소라는 인상마저 풍긴다. 그 과정에서 사람의 갈망을 만족시키고 영혼에 자양분을 주어야 할 교회의 능력이 위축된다. 예배는 의례가 되고, 가르침은 능력이 없다.

어떻게 하면 교회의 핵심 사역을 재정립할 수 있을까? 어떻게 하면 우리의 관심을 하나님과의 관계, 서로 사랑하는 교제, 상호적인 사역으로 전환할 수 있을까? 이 일은 특히 더 어렵다. 사람은 누구나 자신의 관심사는 확실히 보이지만 상대방의 관심사는 희미하게 보이기 때문이다. 자기 교회가 하나님을 사랑하고 이웃을 사랑하는 관계 속에서 돌아가고 있지 **않다**고 말하는 목사는 한 명도 없을 것이다.

강해 설교를 통해 성경적 진리를 제시함으로 사람들이 하나님의 성품과 다른 사람들의 문제에 관심을 갖도록 장려하고 있다고 (타당하게) 주장하는 목사도 있을 것이다. 어떤 목사는 몸된 교회의 하나된 생활이 중요하다고 주장할 것이다. 그런가 하면 교회 건물이 더 크면 더 많은 사람이 교회에 올 것이라고 넌지시 제시하면서, 자기 교회의 건축 계획이 교회의 존재 목적에 부합한다고 생각하는 목사도 있을 것이다.

교회 활동이 다양한 단계를 지나고 있는 것 같다. 천막 교회와 순회 전도를 통해 사람들을 회심시키던 부흥기를 지나

이제는 좀 더 안정된 (그리고 시시한?) 방식의 교회 사역으로 가고 있다. 어떤 진영에서는 영접과 헌신을 부추기는 감정주의 대신 좀 더 딱딱한 가르침을 강조하는가 하면, 일부에서는 그런 가르침을 차가운 교리로만 본다.[1] 그래서 그들은 '삶을 나누는 소그룹 모임' 같은 변화로, 죽어 가는 교회에 새 생명을 주입하려고 무진 애를 쓴다. 이 소그룹에서는 거짓 만족의 탈을 벗어 버리고 내면에서 끓어오르는 문제들을 드러내라고 한다. 그 목적은 자신을 드러냄으로 서로를 인정해 주는 관계를 세우는 것이다.

비판적인 사람들은 교회의 기반이 '메마른' 진리에서 뜨거운 체험으로 전환될 수 있다고 경고한다. 그렇게 되면 성경도 믿음과 행동의 근간이 되는 권위보다는 활력이 넘치는 교제를 위한 자극제가 되어 버릴 수 있다. 주석과 사전으로 무장한 사람들이 모이던 성경공부 모임은 자신의 필요와 체험과 견해를—그리고 때로는 전혀 공부하지 않은 성경책을—들고 오는 사람들이 모이는 기도와 나눔 모임으로 바뀌기도 한다. 그러다 보면 신앙을 **나누는 것**이 신앙을 **아는 것**보다 중요해질 수 있다.

관계의 기반이 되는 진리보다 관계 자체에 초점을 맞춘 교제에는 심각한 위험이 따른다. 분열과 피상성이 조장되고, 하나님의 말씀보다 인간의 체험을 더 중시하다 보면 서로 자기 생각이 옳다고 겨루게 된다. 그래서 어쩌자는 것인가?

각 대안에는 나름의 약점이 있다. 진부한 부흥 운동은 구 시대의 유물이라고 생각하는 사람들이 있다. 강해 설교는 얄 팍한 대중의 머리 위에서 겉돌기만 할 수 있다. 소그룹 모임 을 강조하다 보면 서로 불편할 정도로 가까워져서 긴장감 과 입씨름에 시달릴 수 있다. 그래서 많은 사람들이 대형 교 회에서 해답을 찾는다. 대형 교회는 문화적으로 유행을 따르 고, 성공 지향적인 대중이 보기에 매력적이며, 군중 속에 묻 혀 지내든 모임에 적극적으로 참여하든 입맛대로 고를 수 있 기 때문이다.

교회 성장 전문가들(성장을 대체로 수적으로 평가하는 사람 들)은 지역 교회 리더들이 홍보 기술을 갈고닦고 공동체성을 세련되게 다듬도록 돕는다. 일반 기업에서 개발되고 검증된 조직 전략 이론을 도입하여, 고전하던 교회들을 번창하는 사 업체로 탈바꿈시킨다. 의심스러운 성공이다. 크게 생각해야 크게 얻는다는 논리다.

클수록 좋다는데 무슨 이견을 달겠는가? 출석률이 늘어나 는데 어떻게 반대의 목소리를 높일 수 있다는 말인가? 비전 과 전도에 대한 관심이 부족하다는 비난이나 들을 것이 뻔하 다. 대형 교회의 특징을 몇 가지만 살펴보자. 각종 특수 그룹 (독신자, 노년층, 신혼 부부, 선교 헌신자 등)을 대상으로 한 **다양**

화된 프로그램, 더욱 발전된 찬양과 경배(음 못 잡는 소프라노 성가대원의 은사나 재고해 주면 좋으련만), **좀 더 현실에 적실하고 실제적인 설교**(그래서 주일 아침 설교는, 감동도 있고 세련된 사고도 할 수 있는 교회 생활의 중심이 되었다) 등이 있다.

이런 세태를 보면서 반대로 소박한 교회당에 적은 수의 무리가 모여 확실하게 정리된 신앙고백에 철저히 매달린 채 교회의 최신 유행을 절대 거부하는 부류도 있다. 이런 그리스도인들은 나름대로 신실하게 신앙 생활을 하지만, 시간이 흐르면서 그들의 확신은 자기만족이 되고 교리의 정통성은 교조적 전통주의로 전락하곤 한다. 그러면서 원래 옳은 길은 좁아서 찾는 사람이 적기 때문에, 성장과 전도가 잘 안되는 상황이야말로 교회의 순수성을 입증한다고 은근히 자부하기도 한다.

사람이 중요하다

우리는 도대체 무엇을 하고 있는 것인가? 사람마다 각자 생각이 다르다. '전도 폭발 훈련'으로 돌아가는 사람이 있는가 하면, 성도들에게 젖이 아니라 단단한 고기를 먹여야 한다며 강해 설교를 강조하는 사람도 있다. 관계 중심의 소그룹이 해답이라고 생각하는 사람이 있는가 하면, 크신 하나님은 크신 일을 행하신다는 확신에 차서 여전히 큰 교회를 꿈꾸는 사람도 있다.

우리가 어느 방향으로 가든 분명한 사실이 하나 있다. 교회 생활은 사람이 모이는 일이고, 사람끼리 접촉하는 일이다. 소그룹이든 대예배든, 찬양 모임이든 성경공부든, 전도 집회든 찬양 집회든 무엇이든지 그렇다. 교회 생활에서 무엇을 강조하든, 그것이 **그리스도 안에 있는 능력을 제대로 이해하고 필요가 있는 사람들에게 더 효과적으로 사역하는 일**을 방해한다면, 교회는 길을 잃은 것이다. 교회는 사람이다. 그 것도 하나님의 사람이다.

강해 설교, 심방, 소그룹 교제, 헌금 작정, 성가 연습. 이 모든 활동은 교회의 중심 목적에 합당한, 아니 꼭 필요한 일들이다. 하지만 이런 활동들은 우리가 하나님께 더 가까이 나아가고 모든 사람을 제자로 삼기 위한 방편일 뿐임을 주지하지 않으면, 교회의 중요한 에너지는 다 새어 나가고 만다.

교회는 마치 부자 아버지가 가족들에게 물질적으로 더 좋은 것을 해주려고 열심히 일만 하느라, 정작 가족들의 정서는 완전히 메마르게 하는 형국이 될 수 있다. 그들이 눈에 보이는 성공을 위해 줄기차게 일하는 동안, 많은 교우들은 삶을 지탱하느라 허덕거릴지도 모른다. 얼마나 안타까운 일인가! 사람들은 힘들고 불안하고 화나고 좌절하고 공허하고 근심에 싸여 있다. 그들은 하나님을 알아야 하며, 하나님 그리고 믿는 자들과 관계를 맺으며 사는 것이 무엇인지를 배워야 한다. 교회는 그 필요를 채워 줄 수 있는 자원을 갖고 있다.

이 상태로 계속 가서는 안된다. 각 교회는 힘들어 하는 성도들을 회복시켜 평강과 목적이 있는 삶을 살게 함으로, 그들을 지켜보는 세상 앞에 하나님의 구원의 능력을 증거하는 사람들로 세워야 한다.

전도도 열심히 하고, 가르치는 사역도 든든히 하고, 교제할 기회도 늘리고, 필요한 건물도 짓고, 프로그램도 확충하고, 신앙의 확신도 더욱 다져야 한다. 하지만 이 모든 일을 하면서 다음 두 가지 핵심 진리를 늘 마음에 새겨야 한다.

1. **사람들은 우리가 생각하는 것보다 훨씬 더 깊이**(때로는 스스로 생각하는 것보다도 더 깊이) **상처를 받는다.** 마치 암이 조기에 번질 때 환자가 모르듯이 말이다.
2. **그리스도와의 관계를 통해서만 그런 상처를 현재로서는 상당히 그리고 영원의 관점에서는 완벽하게 치유할 수 있다.**

우리는 이러한 두 가지 사실에 기초해서, 교회 생활의 가장 핵심적인 요소가 무엇인지를 다루고자 한다. 개교회가 어떤 점을 강조하건 이 요소는 모든 교회에 반드시 필요하다. 이 요소가 있으면 교회는 삶을 변화시키는 그리스도를 경험하고, 이 요소가 없으면 교회는 어두운 구름이 덮여 하나님의 영광의 빛이 뚫고 들어가지 못하게 된다. 이 요소란 바로 격려다. 그리고 이 책은 격려에 관한 책이다.

모든 그리스도인은 은사와 재능에 상관없이 믿음의 형제와 자매를 격려하도록 부름받았다. 개교회가 구체적으로 어떤 방향을 지향하든 간에, 교회 생활을 하려면 항상 다른 그리스도인들과 함께 시간을 보내게 된다. 하나님의 백성으로 함께 모일 때, 우리는 서로를 격려해야 한다. 상대방이 그리스도를 더 깊이 경험하고, 그리스도와 그리고 서로 간에 더 깊은 관계로 헌신할 수 있도록 자극해야 한다.

무릇 성경을 믿는 교회라면, 그리스도의 구원의 사랑을 신실하게 선포하기 위해서 격려를 강조하는 교회가 되어야 한다.

서로 격려한다는 것은 무슨 의미인가? 격려는 어떻게 작용하는가? 격려가 정말 그렇게 중요한가? 그 효과는 어떠한가? 다른 사람을 격려하기 전에 먼저 내 삶은 어떠해야 하는가? 격려를 교회 생활에 어떻게 적용할 수 있는가? 격려와 친절은 어떻게 다른가? 격려가 상대방의 기분을 잠시 풀어 주는 수준을 넘어서 그의 삶 속에 정말 깊이 파고들 수 있는가? 이 책은 이런 의문점들을 다루고 있다.

1부

격려란 무엇인가

2장
때에 맞는 말에는
위력이 있다

지그문트 프로이트 Sigmund Freud는 단순히 환자들에게 일정한 방식으로 말했을 뿐인데, 그들의 정서적 문제의 증상이 사라지는 것을 보고 상당한 놀라움과 흥미를 느꼈다. 그는 의학 공부를 오래 하다 보니 사람을 단순히 생물학적·화학적 유기물로 보게 되었다. 그래서 불안증, 우울증, 또는 공포증과 같은 문제들은 치유 가능한 신체적 장애와 연결되어 있으며, 의학적 조치를 통해서만 치료될 수 있다고 생각했다.

프로이트가 성경의 잠언을 읽었더라면, 단순한 몇 마디 말로도 엄청난 효력을 볼 수 있다는 사실에 그리 놀라지는 않았을 것이다. 영감이 풍부한 잠언 기자가 논한 말의 위력에 대해 들어 보자.

- 죽고 사는 것이 혀의 힘에 달렸나니(잠 18:21).

- 선한 말은 그것을[사람의 마음을] 즐겁게 하느니라(잠 12:25).

- 온순한 혀는 곧 생명 나무(잠 15:4).

- 선한 말은 꿀송이 같아서 마음에 달고 뼈에 양약이 되느니라 (잠 16:24).

- 경우에 합당한 말은 아로새긴 은쟁반에 금사과니라(잠 25:11).

또한 성경은 때에 안 맞게 가볍게 말하는 것은 "추운 날에 옷을 벗음" 같다고 한다(잠 25:20).

말은 중요하다. 말에는 위력이 있다. 야고보는 우리 혀가 몸에서 지극히 작은 기관이지만, 인간 전 존재의 향방을 결정하는 위력이 있다고 경고한다(약 3:5-6).

함께 모일 때마다 서로 격려하라는 하나님의 말씀에는, 특정한 목적을 위해 말을 잘 다스리라는 경고도 포함되어 있다. 물론 서로를 격려하는 방법에는 여러 가지가 있다. 친절한 말뿐만 아니라 친절한 행동으로도 서로 격려할 수 있다. 아픈 친구에게 음식을 만들어 주고, 병문안을 하고, 새 신자를 초대함으로 격려할 수 있다. 하지만 심각한 폐해를 끼칠 수도 있고 엄청난 선을 이룰 수도 있는 말의 위력을 생각할 때, 말로 하는 격려야말로 우리가 심사숙고해야 할 중요한 주제다. 그리고 이 책의 주제는, **상대방이 좀 더 거룩해지는 데 기여**

할 수 있도록 세심하게 선택한 말로 격려하자는 것이다.

서로 격려하라고 가르친 히브리서의 핵심 구절에 나오는 격려라는 단어의 문자적 의미는 '사람들이 주어진 방향으로 가도록 마음을 휘젓다, 촉구하다, 선동하다'라는 뜻이다. 말로 격려한다는 것은, 한 사람이 다른 사람의 인생 여정에 합류한다는 뜻이며, 그가 장애물과 피로에 지쳐도 계속 그 길을 가도록 격려하는 말을 포함한다.

나는 우리 아들이 오래달리기 시합을 할 때 결승선 옆에 서서 기다리곤 했다. 마지막 몇 미터를 앞두고 달리는 아들을 맞이하기 위해서였다. 아이는 온 힘을 다해 달리느라 지치고 때로는 여기저기 쑤시고 아프기도 해서, 결승선을 몇 미터 앞두고 그만 주저앉고 싶은 마음이 굴뚝같았을 것이다.

우리 팀 아이들이 한 명씩 결승선으로 달려올 때마다, 아버지들은 "화이팅! 5미터 남았다! 뛰어! 뛰어! 발에 힘주고! 넌 할 수 있어!"라고 소리치곤 했다. 그러면 우리의 어린 선수들은 힘을 얻어 이를 악물고 다리를 힘차게 움직여 결승선을 향해 달렸다.

그 마지막 지점에서 이렇게 말하는 아버지는 한 명도 못 봤다. "얘야, 정말 지쳐 보이는구나. 이제 그만 뛰렴. 어차피 꼴찌에서 세 번째인데 뭐. 오래달리기는 너한테 안 맞는 것 같아." 그런데 나는 교회에서 어느 교우가 주일학교 첫 분반

공부를 마친 젊은 교사한테 "정식 교사는 언제 오시나요?"라고 말하는 소리를 들은 적이 있다. 말이라고 다 말이 아니다.

오래달리기 경주에서 숨을 헐떡이며 달리는 아들을 말없이 지켜보며 서 있는 부모들도 있다. 그러면 아이는 힐끗힐끗 자기 부모를 쳐다보고는 더 힘차게 속도를 낸다. 때로 말의 위력은 적당한 시점에 달려 있다. 경주를 마치고 목마른 아이에게 부모가 시원한 물을 건네며 "정말 잘했다"라고 하는 한 마디에 아이는 감격한다. "때에 맞는 말이 얼마나 아름다운고"(잠 15:23).

겉치레 말

자기 말이 남에게 어떤 영향을 끼치는지에 대해서는 전혀 생각하지 않고 사는 사람들이 많은 것 같다. 나는 다른 문화권에서 온 한 방문객이 북미 지역 교회에 몇 달 머물면서 경험했던 끔찍한 실망감에 대해 들은 적이 있다.

그는 어느 교회에서 교제 중심의 저녁 예배를 드린 후 사회자의 소개로 교우들과 인사를 나누었다. 모두가 그를 따스하게 맞으며 인사했고, 초대할 뜻을 비친 사람도 몇 명 있었다. "조만간 같이 저녁 식사 한 번 하면 좋겠네요"라면서. 이 젊은이는 몹시 기뻤다. 그 다음 일주일은 전화가 오기만 애타게 기다렸다. 전화가 꼭 올 것이라고 생각했기에, 어떤 날은 통화를 놓칠까 봐 서둘러 집에 돌아오기도 했다. 하지만 전화는 오지 않았다. 3개월이 지나도록 한 통도 오지 않았다. 미국 문화에 적응하려면, 사람들이 별 뜻 없이 하는 말도 있다는 것을 배워야만 했다고 한다.

우리가 쉽게 건네는 친절한 인사말들이 있다. "뵙게 되어 반갑습니다", "언제 한 번 봐요" 또는 "어떻게 지내세요? 못 뵌 지 몇 년은 된 것 같아요!" 등. 하지만 사실 이런 인사는 "너무 가까이 오지 마세요. 저는 그냥 친절하게 보이고 싶었을 뿐입니다"라는 말을 우아하게 포장한 것에 불과하다. 우리의 사교적인 언어, 또는 사업적인 언어는 실상 말과 뜻이 상당히 다를 수 있다. 흥미롭기도 하고 약간 서글프기도 한 현실이다.

나는 비행기에서 내릴 때마다 승무원들이 줄을 서서 인사하는 모습이 약간 어색하다. 그들이 싱긋 웃으면서 나를 쳐다보며 "저희 비행기를 이용해 주셔서 감사합니다"라고 인사할 때, 왠지 눈이라도 마주치며 웃어 주어야 할 것 같은 부담감을 느낀다. 이 모든 인사치레가 너무 위선적으로 보인다.

비행기 여행 중에 나는 대체로 승무원에게 최소한의 부탁만 한다. 독서용 전등이 제대로 작동되고, 금연석 고객이 담배를 피우지만 않으면 그것으로 충분하다. 그러니 내가 비행기에서 내릴 때 "저희 비행기를 이용해 주셔서 감사합니다"

라는 그들의 인사는 솔직한 마음일 수도 있다.

하지만 먹어라 마셔라 하는 어느 승객이 별로 미안한 기색도 없이, 마치 사교 클럽 매니저인 양 계속 칵테일을 주문해서 마셔 대다가 출구로 비틀비틀 걸어나갈 때, 승무원들이 미소를 띠며 "저희 비행기를 이용해 주셔서 감사합니다"라고 하는 인사말의 속뜻은 다를지 않을까 싶기도 하다.

물론 살다 보면 속에 없는 말을 전혀 안 하고 살 수는 없다. 하지만 교회에서는 그러면 안된다. 그리스도인들의 교제가, 승무원이 승객에게 건네는 작별 인사 정도의 깊이밖에 안 되는 경우가 얼마나 많은가? 우리의 대화는 겉으로만 사랑과 관심을 보이는 척하는 공허한 말들로 가득하지 않은가?

사소한 대화나 예의바른 상냥함이 잘못되었다는 말이 아니다. 우리가 하는 말이 전부 파이프오르간처럼 근엄하고 거룩해야 한다는 뜻도 아니다. 핵심은, 우리의 대화가 무거우냐 가벼우냐가 아니라 **성실하냐 불성실하냐**이다. 혹은 대화가 늘 **겉치레뿐이냐 아니면 의미 있냐**이다. 불성실하고 겉치레적인 말은 잘못된 것이다. 그런 말은 아무도 격려하지 못한다.

예레미야 예언자는 당시의 종교 지도자들이 하나님의 백성들의 상처를 피상적으로 치유하는 것을 고발했다(렘 6:14). 수술이 필요한 중환자에게 매일 아스피린 두 알과 물을 듬뿍 마시라고 처방한다면, 그 의사는 과실 혐의를 벗어날 수 없다. 이스라엘의 제사장들은 바로 영적인 문제에서 그처럼 행동했다. 그들은 죄에 대한 심판이 임박한 상황에서 신나는 낙관주의를 제시했다.

우리도 종종 그런 짓을 저지른다. 예배의 마지막 축도만 끝나면 사라져 버릴 피상적인 치유와 얄팍한 기분전환만 부추기기가 너무 쉽다. 진짜 질병은 손도 못 댄 채 일시적인 통증만 가라앉히고, 심각한 경우들은 교회 외부의 전문가에게 상담을 의뢰하는 방식이야말로 영적인 직무 태만이 아닐 수 없다. 성경을 믿는 교회에는, 그리스도를 알고 따름으로 세심한 언어 선택으로 다른 사람들에게 깊은 영향력을 끼칠 수 있는 사람들이 꽤 있다. 그리스도인들의 언어에는, 그들의 삶속에 있는 그리스도의 사랑과 충족감이 최소한 어느 정도는 반영된다.

그런데도 우리는 가벼운 말로 만족한다. 사람들이 성전을 나갈 때, "저희 교회에 와 주셔서 감사합니다"라고 입에 발린 말을 한다. 상냥하고 유익하게 들리지만 실상 말이 사람들에게 끼치는 위력을 모르고 하는 말들은 건강한 교회에 무익하다. 겉치레 말은 사람에게 전혀 격려가 안된다.

죽이는 말

말에 위력이 있다는 사실을 알았다면, 의미 없는 가벼운 말로 만족하지 말 일이다. 말은 사람을 넘어뜨릴 수도 있고 세울 수도 있다는 사실을 분명히 인식하고, 말을 잘 제어해야 한다. 말이란 마치 날선 칼과 같아서, 의사의 손에 들리면 치료에 사용되지만 아무 생각없는 아이 손에 들리면 사람을 죽일 수도 있다. "죽고 사는 것이 혀의 힘에 달렸나니"(잠 18:21).

말의 파괴력을 생각해 보자. 한 중년 남성이 만성 우울증으로 고생하고 있었다. 몇몇 정신과 의사들은 근본적으로 신체 내 화학 물질이 문제이기 때문에, 그가 평생 항우울제를 복용해야 한다고 진단했다.

그는 나와 상담하는 과정에서 아버지에 관한 이야기를 하게 되었다. 자수성가하여 큰 회사를 일군 그의 아버지는 이런 말을 수없이 반복했다고 한다. "애야, 네가 우리 회사를 물려받는 날에는 분명히 말아먹고 말 게다."

이 말을 들으면 들을수록 그의 마음이 쓰라렸다. 아버지가 돌아가시자 그는 아버지의 예상이 틀렸음을 증명하려고 지나치게 일을 했다. 실패하면 안된다는 압박감이 끊임없이 그를 괴롭혔고, 그 압박감을 잠재울 길은 술밖에 없었다. 그는 곧 심각한 알코올 중독에 빠졌고, 아내는 헤어지자고 했다. 결국 우울증에 시달린 그는 마약으로 우울함을 해소하곤 했다. 아버지의 혀의 권세가 그의 인생을 처참하게 파괴했다.

어느 주일 나는 많은 청중 앞에서 강의를 한 적이 있다. 그

때 양심적인 한 청년이 질문을 했다. 질문을 받은 나는 왠지 농담조의 대답이 바로 떠올라서, 농담조로 대답을 했고 청중은 웃었다. 그런데 6개월이 지난 후에 그 청년이 찾아와서 그때 내가 한 말 때문에 마음이 무척 쓰렸다고 이야기했다. 아주 당황스러웠다고 했다. 그 청년이 너무 예민해서 그렇다고 치부할 수도 있지만, 어쨌든 말이 사람에게 상처를 주는 도구가 될 수 있음을 부인할 수 없었던 사건이다.

살리는 말

긍정적인 면도 있다. 말이란 사람의 마음을 찌르기만 하지 않고 위로하기도 한다. 그리고 이보다 훨씬 더 중요한 면이 있는데, 잘못된 방향으로 가던 인생을 좋은 방향으로 틀어주기도 한다. 바로 이런 말, 생명과 격려의 말에 나는 관심이 있다.

사도 바울은 에베소서 4:29에서 이렇게 훈계한다. "무릇 더러운 말은 너희 입 밖에도 내지 말고 오직 덕을 세우는 데 소용되는 대로 선한 말을 하여 듣는 자들에게 은혜를 끼치게 하라." 내 인생의 한 순간에 꼭 필요했던 한 마디 말이 내게 얼마나 오랫동안 큰 영향력을 끼쳤는지 들려주고 싶다.

학생 시절 내게는 아주 불편하고 창피한 버릇이 하나 있었는데, 바로 말을 더듬는 버릇이었다. 이처럼 곤혹스럽고 골치 아픈 버릇이 있는 사람은 대체로 몇 가지 발음이 특히 잘 안되어 고생한다. 나는 L과 P 발음이 문제였다. 그런데 내 이름은 Larry이고 학교는 Pennsylvania에 있는 Plymouth-Whitemarsh 중고등학교였으니.

중학교 3학년 때 나는 중학교 전체 회장으로 뽑혔다. 몇 백 명은 족히 되는 1, 2, 3학년생이 다 모인 자리에서, 교장 선생님이 나를 연단으로 올라오라고 부르셨다. 나는 교장 선생님과 연단 위에 나란히 서서 취임 선서를 하게 되었다. "플리머스 화이트마쉬 중고등학교에 다니는 저 래리 크랩은 다음과 같이 선서합니다." 이렇게 먼저 교장 선생님이 말씀하셨다. 그런데 그 말을 따라 하는 내 버전은 조금 달랐다. "ㅍ ㅍㅍㅍ플리머스 화이트마쉬 중고등학교에 다니는 나 ㄹㄹㄹ ㄹ래리 크랩은 다음과 같이……."

교장 선생님은 황당하고 안됐다는 표정이었고, 내가 좋아하던 영어 선생님은 거의 울상이 되었으며, 몇몇 학생들은 폭소를 터뜨렸고, 나머지 학생들도 마냥 재미있다는 표정이었다. 나 때문에 속상해 하는 아이들도 여럿 있었다. 나로서는 거의 죽음이었다. 그때 나는 다짐했다. 공개 연설은 절대하지 않겠노라고.

그리고 며칠 후 주일 대예배 때 성만찬식이 거행되었다. 우리 교회는 예배 시간에 학생들이 회중 앞에 서서 큰 소리로 기도할 수 있는 특권을 주는 전통이 있었다. 그 주일 아침에 나는 일어서서 기도해야겠다는 거룩한 부담감을 느꼈다(성령의 인도하심은 아니었던 것 같다). 난생처음으로 그러한 기도를 하려고 의자에서 삐걱대며 일어났다.

예배 분위기보다는 긴장감이 더 고조된 분위기에서 기도를 시작했고, 그러다 보니 기도 내용도 신학적으로는 거의 이단 수준이 되어버린 것 같았다. 하나님이 십자가에 못 박히신 것을 감사하고, 승리하신 그리스도께서 무덤에서 성령을 데리고 나오신 것을 찬양한 기억이 난다. 기도 시간 내내 말을 더듬었고, 드디어 아멘이라는 말이 생각났다(이때가 성령의 인도하심을 받은 첫 번째 순간이리라). 나는 "아멘"이라고 말하며 자리에 앉았다. 주위를 둘러보기도 민망해서 바닥만 내려다보면서, 다시는 사람들 앞에서 기도하지 않으리라 엄숙히 맹세한 기억이 난다. 창피는 두 번이면 족했다.

예배가 끝나자 나는 얼른 출입문으로 내달렸다. 내 왜곡된 신학을 바로잡아 주려는 의무감에 사로잡힌 장로님이라도 마주치지 않을까 두려웠다. 그런데 그만 한발 늦었다. 짐 던바Jim Dunbar라는 나이 지긋한 분이 내 앞을 막아서더니 내 어깨를 팔로 감싸며 목청을 가다듬으셨다.

이런 생각이 떠올랐다. "드디어 올 것이 왔구나. 좋아, 잠깐만 눈 질끈 감고 참았다가 얼른 차로 가자." 그때 그 경건한 신사 분이 내게 해준 말을 나는 20년이 흐른 지금까지도 한 마디도 틀리지 않고 고스란히 기억한다.

그분이 말씀하셨다. "래리, 네게 꼭 해주고 싶은 말이 있단다. 네가 주님을 위해 어떤 일을 하든, 나는 언제나 네 편이란다." 그러고는 총총히 사라지셨다.

이 말을 다시 쓰는 지금도 내 눈에 눈물이 고인다. 청중에게 그 이야기를 할 때면 아직도 목이 메인다. 그 말에는 위력이 있었다. 그 말은 내 존재 깊숙이 심겨졌다. 공개석상에서는 절대로 말을 하지 않겠다던 나의 다짐도 이내 희미해졌다.

그날 이후로, 하나님은 숫자가 많든 적든 늘 대중 앞에서 강연하고 기도하는 사역으로 나를 인도하셨다. 이제는 말도 더듬지 않는다. 나는 이 일이 무척 좋다. 혀에는 죽이는 힘만 아니라 살리는 힘도 있다.

하나님은 우리가 서로 격려의 말을 하기 바라신다. 상황에 적절한 말은 달리기 선수가 경주를 잘 마치게 해주고, 절망이 엄습할 때 소망의 등불을 켜 주며, 냉혹한 삶에 따스한 온기를 전해 주고, 자신의 약점을 별로 생각하지 않는 사람에게 건전한 자기 평가의 기회를 주며, 어려움이 생겼을 때 새롭게 확신을 다지게 한다.

적용을 위한 정리

그리스도인들은 서로 격려하라는 명령을 받은 사람들이다. 말은 사람에게 깊은 영향력을 끼치기 때문에, 우리의 말을 통해 어떻게 다른 그리스도인들을 격려할 수 있는지를 생각해야 한다.

　말은 사람을 격려하거나 낙심시킬 수 있고, 또 무의미할 수도 있다. 겉치레 말은 유익이 없고, 죽이는 말은 낙심시키며, 살리는 말은 격려한다. 우리는 말을 통해 긍정적인 영향력을 끼치는 법을 배워야 한다. 그리고 다른 그리스도인들이 더욱 열심히 순종의 길을 걷도록 말로 격려해야 한다.

3장
표면적 공동체
_ 격려의 장애물

교회에서 사람들과 함께 저녁 식사를 하거나 소그룹으로 모일 때, 또는 주일 예배가 끝나고 주차장에서 마주칠 때 우리가 하는 말은 대부분 사교 차원에 그친다. 자신의 말에 큰 영향력이 있음을 아는 사람은 극히 적다. 왜 우리의 말에는 능력이 없을까? 우리가 하는 말이 정말 중요하기는 한 것인가? 일반적으로 우리는 어떤 식으로 언어를 사용하는가?

두 사람이 대화하는 모습을 관찰해 보라. 대체로 화자는 청자를 보는데, 청자는 화자를 보지 않는다. 이유는 간단하다. **청자가 상대방의 말을 듣고 있지 않기 때문이다.** 그는 상대방의 말이 끝나기가 무섭게 자기 말을 하기에 바쁘다. 그래서 어떻게 되었느냐는 질문도 없다. 대화라기보다는 듣는이 없는 두 사람의 독백이라고 해야 맞다. 때로는 한 사람이 대화를 완전히 장악해서 다른 사람은 그저 꾹 참고 듣거나 미미하게만 응수하는 경우도 있다.

이 장을 쓸 때, 나는 시카고행 비행기를 타고 있었다. 내 뒷좌석에 어떤 남자가 앉았는데, 하도 큰 소리로 말을 해서 무슨 이야기를 하는지 다 들렸다. 그의 말로 미루어 보면, 그는 모든 면에서 자신이 최고 권위자라고 생각하는 것 같았다. 한 시간이 넘도록 그가 쏟아 놓은 말들은 어떤 타일이 가장 값이 싼지, 요식업에 필요한 정보는 어떻게 얻어야 하는지, 플로리다에서 가장 서비스가 좋은 병원은 어디인지 등 말의 주제가 종횡무진이었다. 하지만 내용으로 보면, 그는 모든 주제에 무식하거나 아니면 확실치 않은 지식을 갖고 있음을 인정해야 할 사람이었다.

그의 옆자리에는 인상이 밝은 중년 여성이 앉아 있었는데, 그녀는 지겨운 걸 억지로 참으면서 그의 말을 듣고 있었다. 그녀가 그 남자에게 핵물리학이나 아랍과 이스라엘 간의 갈등, 또는 중세의 종교 생활에 관해 물어도 그렇게 막힘없이 전문가처럼 좔좔 쏟아 낼까 하는 의구심이 들었다. 여하튼 내가 보기에 그 대화에는 전혀 핵심이 없었다. 그 여성이 자기 인내심의 한계를 시험해 본다는 데서 '의미'를 찾지 않는 한 말이다. 그 대화는 한쪽으로 치우친 채 무의미한 말들만 주고받는, 전혀 유익이 없는 대화였다.

우리가 하는 대화 중에도 이 비행기에서의 대화 수준밖에 안되는 경우가 허다하다. 마치 아무 생각 없는 두돌박이가 10만 원짜리 수표를 획획 던지며 갖고 노는 형국이다. 하지만 우리 주 예수님이 가르치실 때 사람들은 그분의 말씀에 권위가 있음을 즉각 감지했다. 예수님의 말씀에는 위력이 있었다. 그들의 눈에도 바리새인들이 줄줄이 쏟아 내던 말과는 무언가가 달랐다.

왜 우리의 말에는 능력이 없을까? 어떻게 하면 우리는 상대방과 소통의 간격을 메우고 말에 무게를 실을 수 있을까? 이 질문에 답하려면, 먼저 **표면적 공동체**의 문제점을 알아야 한다. 이 공동체는 서로를 격려할 수 있는 말의 잠재력을 막는 구조를 가지고 있다.

인간 존재의 핵심에 있는 것들

공동체를 이루는 것도 사람이지만 의미 있는 상호 관계를 막는 장애물을 세우는 것도 사람이다. 이 장애물을 어떻게 세우고 어떻게 제거할 수 있는지를 알려면, 왜 우리가 서로 장애물을 만들어 내는지 그 이유부터 알아야 한다. 그 장애물 때문에 우리의 말이 상대방의 마음에 가닿지 못하고 우리가 갈망하는 친밀함이 방해받는 것이다. 이 점에 관해 올바른 시각을 가지려면 이러한 장애물이 역사에 처음 등장한 사건을 살펴보아야 한다. 그 이야기는 창세기 3장에 나온다.

범죄하기 전, 아담은 하나님과 투명한 교제를 누렸다. 벽도 거리감도 긴장도 없었다. 하지만 죄의 결과는 즉각적이고 끔찍했다. 그 결과 중의 하나가 새로운 정서의 등장이었는데, 바로 두려움이었다.

이 새로운 정서에 휩싸인 아담은 하나님에게서 도망쳐 숨어 버렸다. 당연히 모든 것을 보시는 하나님은 아담이 두려워 웅크린 채 나무 뒤에 숨은 걸 알고 계셨다. 하지만 하나님은 아담을 부르시며 그에게 질문을 던지신다. 거룩하신 하나님이 범죄한 인간에게 던진 최초의 질문은 "아담아, 네가 어디 있느냐?"였다. 어쩌면 하나님은 아담이 자신에게 닥친 곤경을 깨닫고 회개할 기회를 주시려고 했는지도 모른다. 사람은 문제에 **노출되어야만** 도움을 청한다.

아담의 반응을 잘 살펴보자. "내가 벗었으므로 두려워하여 숨었나이다"(창 3:10). 그의 대답은 세 부분으로 나눌 수 있다.

1. **두려워하여**: 아담의 핵심 정서
2. **내가 벗었으므로**: 아담의 핵심 동기
3. **숨었나이다**: 아담의 핵심 전략

핵심 정서

아담의 핵심 정서를 살펴보자. 그는 두려워했다. 범죄하기 전에는 두려울 게 전혀 없었다. 하나님과도 좋은 관계였고, 결혼 생활에도 문제가 없었으며, 엉겅퀴 없는 동산에는 먹을 것이 넘쳐났다. 하는 일도 안전하고 의미 있었다.

하지만 죄가 낙원에 들어오자 낙원을 잃어버렸다. 무질서, 불확실성, 정서적 스트레스, 깨어진 관계들, 그리고 죽음이 들어왔다. 당혹스러운 인생의 문제들이 갑자기 발 앞에 던져졌다. 그의 후손들이 겪는 것과 마찬가지로. "해결책은 있을까? 인생이 제대로 굴러갈까? 나는 영원히 거부당하는 건 아닐까? 내 힘으로 해낼 수 있을까? 결혼 생활에 실패하지는 않을까?" 이 모든 질문들 속에 공통으로 들어 있는 것은 바로 두려움이다.

하나님은 성경을 통해 인간의 두려움이라는 문제를 끊임없이 다루신다. 아브라함이 자신의 미래를 염려할 때도 하나님은 이렇게 말씀하셨다. "아브람아, 두려워하지 말라. 나는 네 방패요"(창 15:1). 예레미야가 거역하는 백성에게 하나님의 말씀을 전하라는 부르심을 받았을 때, 이 예언자는 재빨리 그 부르심을 거절했다. 그러나 하나님은 예레미야의 완고한 저항을 꾸짖는 대신, 다음과 같은 말씀으로 사안의 핵심을 찌르신다. "너는 그들 때문에 두려워하지 말라. 내가 너와 함께하여 너를 구원하리라"(렘 1:8).

우리 주 예수님은 제자들에게 모든 족속을 제자 삼으라고 위임하신 후에—이 얼마나 근사한 과업인가—그들이 순종하는 데 가장 큰 장애물이 두려움임을 아셨다. 그래서 이런 말로 그들을 안심시키셨다. "내가 세상 끝 날까지 너희와 항상 함께 있으리라"(마 28:20). 사랑의 사도 요한은 하나님의 완전한 사랑이야말로 인생을 움직이는 동인인 두려움을 내쫓는다는 진리를 말하며 기뻐했다(요일 4:18).

성경은 왜 이렇게 두려움을 강조할까? 나는 우리 인간이 처한 곤경과 그 곤경에 대처하는 태도를 묵상하면서 분명한 깨달음을 얻게 되었다. 거듭나지 않은 사람을 지배하는 정서적 에너지는 바로 두려움이라는 것이다. 사실 우리에게 던져지는 문제는 대부분 우리의 해결 능력을 넘어선다. 우리는 우리에게 가장 중요한 문제들을 통제할 수 없다. 우리가 세운 계획은 우리의 통제 밖에 있는 요인들이 방해하지 않을 때만 멋지게 성취될 것이다. 궁극적으로 우리의 삶은 우리 손안에 있지 않다. 따라서 장차 어떤 일이 생길까 봐 두려워하는 마음은 당연하다.

두려움은 충분한 거리를 두고 객관적으로 살펴보면 흥미로운 정서다. 두려움은 매우 다양한 상황에서 우리의 행동과 경험 저변에 깔린 힘으로 작용한다. 나는 꿈에 그리 큰 의미를 두지는 않지만, 마음에서 밀어낸 두려움이 때로 꿈에 나타나는 게 아닌가 싶다.

지난 25년 동안 나는 똑같은 꿈을 가끔 꾸곤 했다. 세부 내용은 다르지만 중심 의미는 늘 똑같았다. 꿈속의 장면은 내가 중학교 1학년 시절로 거슬러 올라간다. 나는 레이프스나이더 선생님의 수학 과목을 들으러 교실로 들어갔다. 내가 늘 앉는 자리로 가서 구부정하게 앉아 또 한 시간을 견딜 각오를 하며 교과서를 펼쳤다.

그런데 갑자기 선생님이 "자, 책상 위에 있는 거 다 집어넣고, 필기도구만 꺼내세요. 시험 시작합니다"라고 소리치신다. 정신이 번쩍 난다. 시험이라니! 무슨 시험? 꿈속에서 나는 주변을 미친 듯이 둘러보았다. 다른 아이들도 모두 놀란 표정이기를 기대하면서. 침울한 표정을 짓는 아이들은 몇 명 있지만 당황하는 학생은 한 명도 없다. 오늘 시험을 본다는 사실을 깜빡 잊은 사람은 나밖에 없다.

고등학교, 대학교, 그리고 대학원 시절 내내 나는 이와 비슷한 꿈을 꾸었다. 꿈의 내용은 전부 다 중요한 일을 제대로 준비하지 못한 상황이었다. 학교를 다 마친 후에도 나는 새벽 일찍 깨어나 시험 준비를 해야 한다고 생각한 적이 두어 번 있다. 그럴 때는 머리를 몇 번 흔들면서 나 자신을 깨우쳐 주어야 했다. 나는 더 이상 시험을 보는 입장이 아니라 시험 문제를 내는 입장이라고.

그러다가 내 꿈의 무대가 바뀌었다. 이번에는 어느 교회 강단이다. 강사로 초빙된 나는 그 교회 목사님의 소개 말씀을 기다리고 있다. 그러다가 불현듯 말씀을 준비하지 않았다는 사실을 깨닫는다. 오늘날의 꿈은 예언적 요소가 거의 없지만, 내가 이십 대 초반에는 이 꿈이 거의 현실화될 지경에 다다라서 아찔했던 적이 있다.

내가 처음으로 주일예배 설교를 할 때였다. 나는 떨리는 마음도 진정시킬 겸 설교에 장 칼뱅 John Calvin 의 말을 인용하기로 했다. 내 설교가 전혀 유익이 없을 경우, 그래도 존경받는 신학자의 말 한 마디가 들어가면 설교가 완전히 망가지는 건 막을 수 있지 않을까 하는 논리도 숨어 있었다. 안 그래도 최근에 칼뱅의 유명한 말을 읽었던 터였다. "구원은 오직 믿음으로 받지만, 구원받은 믿음에는 뒤따르는 것이 있다." 나는 이 구절을 설교 노트에 조심스럽게 베껴 적었다.

드디어 설교 중간에 그 감동적인 구절을 인용할 때가 왔다. 나는 극적인 분위기를 조성한 다음 이렇게 말했다. "저는 선물로서의 구원과 믿음에 따르는 책임 관계를 정확하게 설명한 문장을 하나 발견했습니다. 이 주제에 관한 성경의 입장을 너무도 절묘하게 잘 표현한 문장인지라, 저는 아예 외워 버렸습니다. 그 문장이 제 마음속에서 활활 타오르는 듯해서, 저는 절대 그 문장을 잊지 못할 겁니다. 바로 장 칼뱅이 한 말입니다." 그때 갑자기 머리가 멍해졌다. 단 한 마디도 생각나지 않았다. 차라리 시편 119편의 176구절을 다 외우는 게 더 쉬웠으리라.

나는 얼른 노트를 내려다보았으나, 페이지가 순서대로 되어 있지 않았다. 겨우 노트를 뒤적거린 끝에—노트도 하필 노란색 종이였던지라 청중들 눈에 확 띄었다—절대로 잊지 못할 칼뱅의 그 문구를 찾아 기어들어가는 목소리로 읽었다.

사도 베드로가 첫 설교를 할 때는 3천 명이 구원을 받았는데, 내가 첫 설교를 할 때는 20여 명의 성도들이 안됐다는 눈빛을 보내왔다.

끊임없이 내 꿈에 나타나는 정서, 그리고 내 설교 사역 초기에 고통스럽게 깨달은 핵심 정서는 바로 두려움이었다. 그일을 제대로 해내지 못할까 봐 두렵고, 설교 준비를 제대로 못했을까 봐 두렵고, 내가 바라는 모습에 이르지 못한 현실이 드러날까 봐 두려웠다. 아담이 후손에게 물려준 유산 중에는 두려움도 들어 있었다. 아담은 두려웠고, 우리도 마찬가지다.

핵심 동기

아담은 왜 두려웠을까? 하나님의 질문에 대답하면서, 그는 자기 두려움의 근원이 벌거벗은 데 있음을 정확히 짚었다.

"내가 벗었으므로 두려워하여"(창 3:10). 이 말은 아담이 새롭게 알게 된 육체의 벌거벗음을 점잖게 표현한 수준이 아니다. 난생처음으로 아담은 누군가에게 용납되지 못할까 봐 두려운 마음과 싸워야 했다. 타락한 상태, 곧 하나님의 규범을 어기고 범죄자가 된 자신은 궁극적 존재이신 하나님의 거부를 당할지도 모른다는 것을 그는 깨달았다.

인간의 핵심 정서가 두려움이라면, 그 두려움의 최종 근원은 우리가 뼛속 깊이 용납받을 수 없는 상태라는 의식이다. 우리는 무언가가 잘못되었음을 안다. 우리는 마땅히 되어야 할 모습이 못 되고 있다. 화장으로 얼굴의 주름살을 가리는 여성처럼, 우리도 위장하지 않으면 자신이 전혀 매력 없는 존재임을 알고 있다. 그리고 시간을 내어 거룩함이라는 기준에 따라 자신을 살펴보면—이것은 겸손하면서도 꼭 필요한 훈련이다—자신이 단지 매력 없는 정도가 아니라 도저히 용납할 수 없을 만큼 흉측한 존재라는 불가피한 결론에 이르게 된다.

따라서 거절을 두려워하는 마음은 자연스럽고 당연하다. 두려움은 정신병이 아니라 현실이다. 우리는 거절당해 마땅한 존재다. 하지만 거절은 끔찍할 만큼 고통스럽기 때문에 우리는 그 무엇보다도 거절을 피하고 싶어 한다. 그래서 노출을 두려워한다. 점잖음, 친절, 너그러움, 멋진 옷차림 뒤에 감추어진 우리의 진짜 모습이 드러나면 사람들의 거부와 비난을 피할 수 없다는 것을 거의 직감적으로 알기 때문이다.

사람은 누구나, 심지어 두꺼운 화장을 오랫동안 곧잘 유지해 온 사람조차도, 어느 수준에서는 주름살이 보일 수밖에 없음을 알고 있다. 어린 시절부터, 그러니까 자신의 감정을 말로 표현할 수 있는 나이만 되면 그때부터 우리는 **노출의 두려움**과 **당연히 그에 뒤따르리라 예상되는 거절의 두려움**을 안고 인생을 살아간다.

물론 최종적인 두려움은 하나님의 거절이지만, 그 두려움을 눈에 보이는 사람과 연결시키게 된다. 그리하여 부모님과 친구들의 거절을 두려워하고, 어른이 되면 배우자, 자녀, 직장 상사, 목사, 그리고 사회의 거절을 두려워한다.

힘든 인생 경험을 통해 누구를, 그리고 무엇을 두려워해야 하는지도 배운다. 한 중년 여성은 내게 어린 시절에 온 가족이 아버지의 임종을 지킬 때 받은 상처를 말한 적이 있다.

생사의 경계를 몇 번씩 넘나들던 그녀의 아버지는 30년을 함께 살아온 아내 쪽으로 몸을 돌리며 이렇게 속삭였다. "여보, 나는 항상 당신을 사랑했소. 잘 지내요. 또 만납시다." 다음에는 아들 쪽으로 천천히 몸을 돌리며 힘겹게 말했다. "너는 언제나 내 기쁨이었다. 사랑한다." 그리고 숨을 헐떡이며 큰딸에게 "사랑한다"고 말하고는 이내 숨을 거두었다.

25년 전에 있었던 그 일을 이야기하면서, 그녀는 아버지가 자신한테는 "사랑한다"는 말을 하지 않았다는 거절감에 눈물을 쏟았다. 그날 이후 그녀의 목표는 오직 한 가지, 자기 인생에서 중요한 남자에게 거절당하지 않는 것이었다. 그녀가 내 상담실을 찾아온 것도 남편이 다른 여자와 지속적으로 바람을 피운다는 사실을 남편한테 직접 들었기 때문이었다.

우리는 누구나 거절과 실패에 대한 근본적인 두려움을 가중시키는 정신적으로 충격적인 일들을 겪게 마련이다. 학교 친구들 앞에서 말을 더듬었던 일, 부모님의 이혼, 친한 친구의 죽음, 재정 파탄, 십 대 딸의 임신 등 나열하자면 끝이 없다. 어떤 인생이든 두려움을 부추기는 상황을 늘 겪게 마련이다.

두려움은 마치 암세포와 같아서, 점점 더 강해지고 증폭된다. 인생을 제대로 꾸려 나갈 수 있을까? 그 문제를 정말 신경 써 주는 사람이 있기나 할까? 만약에 이러이러한 일이 일어나면 어떻게 하지? 돈을 충분히 벌 수 있을까? 아이들은 제대로 자라 줄까? 나는 사람들에게 인정을 받고 있는가? 도대체 나는 가치 있는 사람일까? 아니면 내가 두려워하던 대로 용납받지 못하고 중요하지도 않고 남들이 신경도 안 쓰는 낙오자일까?

최고급 레스토랑을 자기 집 드나들 듯하는 사업가나 비싼 옷을 입고 들어오는 하객들을 대리석이 깔린 현관에서 우아하게 맞이하는 지체 높은 안주인을 보면, 과연 이런 '멋진 사람들'은 인생에서 한때 느꼈던 두려움을 다 극복하지 않았을까 하는 생각도 들 만하다. 그들은 전혀 두려운 빛이 없어 보인다. 어쩌면 두려움이라는 질병은 힘겹게 살아가는 중하류층이나 볼품없는 외모의 소유자들 또는 특별한 재능이나 능력이 없는 평범한 사람들만 공격하는지도 모른다.

누구나 겉으로 두려움이 드러나는 것도 아니고, 또 **의식적 차원**에서는 두려움을 경험한 적이 없다는 사람도 많다. 이런 사람도 하루만 진지하게 자신을 반추해 보면 생각이 달라지겠지만 말이다. **우리는 누구나 두려움을 갖고 있다.** 히브리서 기자는 모든 사람이 죽기를 무서워하므로 "한평생 매여 종노릇"한다고 말한다(히 2:15). 우리는 누구나 다가올 죽음에 직면해 있다. 오직 신자들만이 무덤 너머에 무엇이 있는지 알 뿐이다. 불확실성이 있는 곳에는 늘 두려움이 있다.

우리는 삶에서든 죽음에서든 어떤 일이 일어날지 알지 못한다. 만사가 우리 원하는 대로 되지는 않을 것이며, 세상이 우리를 따스하게 대해 주지 않을 것이라는 괴로운 사실을 잘 알고 있다. 자신의 진짜 모습이 노출되면 거절당할 수밖에 없는 존재라는 인식이 두려움의 뿌리에 깊이 자리잡고 있다. 그 인식이 아무리 초보적인 수준일지라도 말이다.

두려움이 모든 사람의 마음 중심을 사로잡고 있다면 왜

그 두려움의 증거가 눈에 보이지 않는 것일까? 예배당에 앉아 있는 사람들을 둘러보면 다들 느긋해 보인다. 병원 대기실에서나 두려움을 드러낼까, 대부분의 상황에서는 사람들이 바쁘고 화나고 쾌활하고 지루해 하고 흥분하고 단호하고 슬퍼 보이기는 할망정, 두려워하는 모습은 거의 볼 수 없다. 교회의 교제 시간에도 사람들은 비교적 즐겁게 잘 어울리는 듯하다. 도대체 두려움은 어디 있는가?

핵심 전략

"내가 벗었으므로 두려워하여"라고 아담은 인정했다. 그 후로 모든 죄된 인간은 이 울부짖음을 토해 낸다. 아담은 노출되면 거절을 피할 수 없는 자신의 진짜 모습을 깨닫고 "**숨었다.**" 자신이 두려워하는 것을 피하려고 숨었다. 그는 무화과나무 잎으로 가리고 나무 뒤에 숨었다. 자신을 거절하는 그 눈빛을 피하고 싶은 마음으로. 그 후로 모든 인간은 아담의 발자취를 따라 자신의 무가치함을 덮어 줄 길, 거절받아 마땅한 형편에도 불구하고 자신을 좋은 사람으로 느낄 만한 방법을 처절하게 찾아 헤맨다.

이 점에서 사탄은 가장 협조적이다. 그는 우리가 그리스도께 받아들여지지 않아도 흡족히 여길 만한 수십 가지 전략을 제공한다. 돈, 명예, 권력, 지위, 호사스러움 등은 그중에서도 가장 분명한 수단이지만, 그보다 더 미묘하면서 효과적인 전략들도 얼마든지 있다. 자아 성찰을 피하는 삶, 독단적인 태도, 비판적인 생각, 교조주의, 수줍음, 사교성 등 자신과 남들에게 진짜 모습이 보이지 않게 도와주는 것이면 무엇이든 가능하다.

노출의 공포를 피하는 일에 온 힘을 기울이는 두려움 많은 사람들은 숨을 곳을 찾는다. 북풍한설에 나가기 전에 두꺼운 코트를 걸치듯이, 몇 개의 방어막으로 자신을 보호한다.

어떤 보호 전략이 효과가 있다는 것만 알면, 그 전략을 항상 곁에 두고 싸늘한 거절감이 엄습해 올 때마다 그것을 걸친다. 두려움에 기인한 창의성으로 자신을 보호할 전략을 끊임없이 발굴한다. 농담, 어수룩함, 으스댐, 허풍, 거짓 눈물, 꾸며 낸 회개와 겸손, 그룹 토의 때 잠자코 있기, 친구들 만나기 전에 먼저 술 마시기, 몇 시간씩 아이들 숙제 시키기, TV 보기 등. 진짜 자아는 남들이 못 보게 안전하게 숨겨 놓고, 세상과 반갑게 인사할 수 있는 것이면 무엇이든 활용한다.

그림 1은 이 개념을 명확하게 보여준다.

그림 1

여기서 막^{layer}이란 자신을 노출시키지 않고 자신이 두려워하는 것을 피하기 위해 할 수 있는 모든 것 또는 일부러 안 하는 모든 것을 말한다.

사람은 일평생 이런 방어막 뒤에 숨어 살 수 있다. 마치 액세서리나 넥타이를 고르듯이 상황에 따라 방법을 골라 가며 살 수 있다. 언젠가 배우자와 대화를 하다가 불쾌한 논쟁으로 끝난 경험이 있다면, 더 이상 배우자와 대화를 하지 않기로 결심하기도 한다. 이 경우에는 직면을 피하는 방어막으로 **과묵하기**가 자기보호 장치가 된다.

성경공부 시간에 자기 의견을 전혀 개진하지 않는 사람도 있다. 비웃음을 사거나 틀린 말을 할까 봐 겁나서 말이다. 이 방어막이 삶의 방식이 되면, 그런 사람은 소위 '수줍음을 타는 사람'이 된다. 그런가 하면 수시로 자기 생각을 말하는 사람이 있다. 관심과 집중을 받고 싶어서다. 그런 사람은 관심을 끌어서 거절을 피하려고 **수다스러움**을 방어막으로 삼은 경우다.

이미 금이 간 가정을 지탱하려고 열심히 노력하는 양심적인 그리스도인들이 많다. 가정 생활을 유지해야 한다는 또래 압력에 시달리기 때문이다. 이런 좋은 의도와 때로는 영웅적이기까지 한 노력 역시 실패를 막아 보려는 **통제**라는 방어막이 될 수 있다.

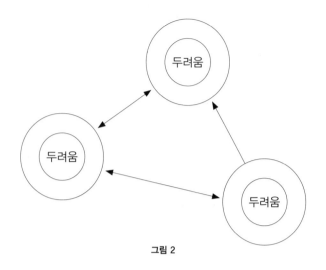

그림 2

우리는 자기보호 전략 뒤에 안전하게 숨기로 작정하고, 자신의 방어막 수준에서 사람들을 만난다. 우리의 최우선 관심은 노출을 피하고, 용납될 만한 사람으로 보이며, 힘을 가진 위치에서 사람들을 상대하는 것이다.

그리스도인들이 방어의 가면 뒤에서 서로 관계를 맺을 때는 **방어막끼리의 교제**를 경험한다. 마치 유리창을 사이에 두고 키스하는 연인 같다고나 할까. 방어막을 친 상태로 실컷 이야기하고 나면, 불만족스럽고 거리감이 느껴지며 서로의 마음에 가닿지 못하고 피상적인 느낌이 든다. 그러나 안전하기는 하다.

하지만 안전을 위해 치르는 대가는 값비싸다. 방어막 수준에서 관계를 맺으면 **표면적 공동체**밖에 이루지 못한다. 얄팍하게 주고받는 것은 있지만, 그것이 우리 내면을 건드리는 수준은 마치 태평양에 돌멩이 하나를 던졌을 때 일어나는 파문에 불과하다.

이렇게 방어막으로 무장한 성도들이 모인 공동체에서는 종종 어떤 방어막이 용납할 만한 것인지를 명시하는 문제마저 발생한다. 어떤 교회는 성도들이 늘 쾌활하고 긍정적이고 좋은 기분을 유지해야 한다. 또 어떤 교회는 늘 갈등하며 겸손해 하는 모습이 칭송을 받는다. 때로는 특정한 방식으로 일정 시간을 하나님과 함께 보내는 것을 올바른 방어막으로 인식하기도 한다. 그런가 하면 교회에서 특별히 성물로 지정한, 금박으로 교회 이름을 박아 넣은 기도 노트를 가지고 다니는 것이 방어막이 되기도 한다.

이런 상황에서는 그리스도인의 교제도 일련의 기대치에 얽혀 있어서, 그 기대치를 만족시켜야만 용납을 보장받는다. 주님의 피값으로 산 성도가 어떤 조건을 만족시켜야만 특별한 용납을 누릴 수 있는지를 구체화한다는 것이 얼마나 잘못된 일인가! 사도 바울 당시에는 그런 방어막 중의 하나가 바로 할례였다. 그가 갈라디아서에서 유대주의자들의 방어막을 보던 시각으로(갈 5:1-12) 우리의 방어막을 보지 않을까 하는 생각도 해본다.

이런 피상성은 그리스도인들이 압박감에 시달리며 자신의 방어막을 교회의 방어막에 꿰어 맞추느라 한층 더 피상적이 된다. 많은 이들이 "더 이상 기대치에 못 맞추겠다"며 좌절과 피로로 나가떨어진다. 어떤 이들은 그런 상황에서 오히려 '영적 엘리트'의 반열에 오르기도 하지만, 나머지는 옥죄는 교회의 압박감보다 영화나 보면서 편히 쉬는 것이 좋다며 주일예배도 가끔씩 빠진다.

표면적 공동체에서는 격려가 일어나지 않는다. 교회를 격려의 장으로 만들려면, 피상적인 교제에서 의미 있는 만남으로의 근본적인 변화가 필요하다. 다음 장에서는 바로 이 문제를 다루고자 한다. 어떻게 하면 방어막으로 굳어진 교제에서 성령의 인도를 받는 교제로 변화될 수 있는가? 어떻게 하면 표면적 공동체 대신 진짜 공동체를 세울 수 있는가?

적용을 위한 정리

사람은 거절을 두려워한다. 그래서 심혈을 기울여 남들에게 인정받을 만한 보호막을 덧입음으로써 거절을 피하려고 한다.

우리가 하는 말의 의도는 자기보호에 있다. 자기 본위다. 따라서 방어막에서 나오는 말은 죄다. 나의 필요보다 상대방의 필요를 더 염두에 둔 말이 아니기 때문이다.

'방어막에 싸인 그리스도인들'이 함께 모이면, 그들의 목적 또한 상대방으로부터 자신을 보호하거나, 또는 상대방을 이용해서 자존감을 높이는 것이다. 방어막끼리 만나는 교제는 표면적 공동체를 낳는다. 서로가 진정으로 마음에 가닿지 못하는 관계의 구조다. 표면적 공동체에서는 격려가 일어나지 않는다.

우리가 함께 모일 때 서로를 격려하기 원한다면, 표면적 공동체를 성경적인 교제로 바꾸어야 한다.

4장
완전한 개방
_ 잘못된 해결책

격려의 기술을 배우기 전에 먼저, 우리의 말이 충분히 격려가 될 만한 관계적 분위기를 조성해야 한다. 그러려면 표면적 공동체를 지탱하고 있는 사람들 간의 벽을 허물어야 한다. 방어막에서 다른 방어막에 가닿는 말을 하면, 힘 있는 격려가 될 가능성이 별로 없다.

사람들이 두려워하는 노출을 피하기 위해 방어막이 존재한다면, 방어막으로 형성된 교제를 치유하기 위해서는 먼저 두려움에 대한 해결책을 찾아야 한다. 그런데 그 해결책을 잘못된 방향에서 찾는 경우가 있다.

나눔이라는 이름의 질병

몇몇 그룹에게 이런 질문을 해보았다. "당신이 사람들을 가

격려를 통한 영적 성장

장 덜 두려워하는 환경, 곧 당신이 가장 편하고 느긋하고 안전하다고 느끼는 때는 언제입니까?" 혼자 있을 때라고 대답한 사람도 몇몇 있었지만, 대부분은 자신을 용납해 주리라 믿는 사람과 함께 있을 때라고 대답했다. 일반적으로 우리는 무장을 풀고, 우리를 절대로 거절하지 않을 거라고 믿는 사람들과 함께 있을 때 온전한 자신이 되어 편안함을 느낀다.

어느 날 저녁 우리 집에서 있었던 일은 이 점을 잘 보여준다. 그날 우리 가족은 '가장께서 이르시는 훈계조'의 '방어막'에 관한 강의를 참을성 있게 들었는데, 나중에 아들이 이렇게 말했다. "우리 가족과 함께 있을 때 저는 그런 방어막이 필요 없어요. 모두가 저를 사랑한다는 걸 아니까요." 그런 말을 듣는 부모의 마음은 얼마나 뿌듯한지 모른다. 우리는 사랑하는 사람들과 함께 있을 때 두려움을 가장 덜 느끼는 게 사실이다. 사랑하는 분위기에서는 진정으로 자기 자신이 될 자유를 누리고, 거절당할 두려움 없이 방어막을 벗어 버린다. 이런 분위기에서는 친밀감과 가까운 느낌이 저절로 생긴다.

이 개념을 좀 더 발전시켜 보자. 결국 사람들은 다음과 같이 생각하기 쉽다.

나는 편하고 두려움이 없었으면 좋겠어. 나의 방어막이 두려움을 해결해 줄 수 없다는 걸 잘 알아. 마치 아스피린으로 뇌종양을 고치려는 형국이지. 그냥 잠시 통증만 누그러뜨릴 뿐이야. 나의 방어막을 벗어 버리고 거절당할 두려움 없이 나의 가장 깊은 감정을 노출해도 괜찮은 관계가 있었으면 정말 좋겠어. 그러니 이제 두려움 없이 나 자신을 열어 보일 수 있는 사람이나 모임을 찾아야겠다.

이런 생각이 함축하는 의미는 분명하다. 표면적 공동체의 문제점을 해결하고 방어막 없는 관계로 들어가려면, 노출의 위험을 무릅쓰고 두려움을 통과해야 한다는 것이다. 우리를 있는 모습 그대로 받아 주는 사람을 찾을 때까지 자신을 활짝 열어야 한다는 것이다.

거절당하지 않고 완전한 자기표현을 추구하는 태도가 어디까지 갔는지 생각해 보라. 위험 부담 없이 마음을 열 수 있다는 약속으로 상당 부분 인기를 얻은 것이 바로 그룹 치료다. 창녀들은 비용을 받고 일정한 용납을 보장해 주는 일로 밥벌이를 한다. 심리 치료를 비판한 한 비평가는 상담이란 돈으로 우정을 사는 것이라고 표현했다. 어떤 사람은 상담을 심리적 매음이라고 혹평했다. 내담자는 비용만 내면 자신의 기괴한 환상과 격렬한 감정을 실컷 드러낼 수 있고, 치료사는 개인적인 판단을 하지 않는다.

우리에게 꼭 필요하고 좋은 무언가가 나쁘게 왜곡되었음

이 분명하다. 내 모습 이대로 용납받고 싶고, 나의 추함에도 등 돌리지 않을 사람을 갈망하는 것은 잘못이 아니다. 누구나 그것을 원한다. 그것은 꼭 필요하고, 그것이 바로 복음의 좋은 소식이다. 하나님이 우리의 실체를 다 보셨음에도 불구하고, 그리스도의 죽음과 부활을 통해 우리를 있는 모습 그대로 용납하실 길이 열렸다는 것이 바로 복음이다.

안전감을 느낄 수 있는 관계를 사모하는 것은 합당하다. 하지만 그렇다고 해서 믿음의 형제와 자매들이 우리를 용납해 주기를 바라고 점점 더 우리 이야기를 나누기 시작하면, 그것은 잘못 생각한 것이다. 용납받기 위해 하나님보다 서로를 더 의지하기 때문이다.

그렇게 되면, 성도의 교제는 하나님의 의도에서 빗나간다. 많은 교회가 나눔을 강조하지만 그 안에 **코이노니아**koinonia, 곧 그리스도 안에서 삶을 나눈다는 의미가 빠져 있다. 일반적으로 생각하는 나눔은 **하나님과 다른 사람의 유익을 구하는 헌신의 기본틀 없이** 솔직함만 중요시한다. 아주 심각한 문제다.

교회에서 전에는 서로 위장하고 있던 감정들을 대담하게 다 드러내는 친밀한 관계를 지향하면 어떤 일이 일어날지 상상해 보라. 아마 목사님은 성도들에게 서로 따스한 마음으로 연합하라고 설득력 있게 권면할 것이다. 마치 히브리서

10:25에 "모이기를 폐하는 어떤 사람들의 습관과 같이 하지 말고 서로 권하여 솔직하게 나누기를 힘쓰라"고 적혀 있기라도 한 듯이.

그리하여 저녁예배가 끝난 뒤 교제 시간에 한 여성도가 다른 여성도에게 작정을 하고 다가가 깊은 심호흡을 하고 이렇게 말한다. "자매님, 저는 자매님한테 완전히 솔직하지 못했어요. 지난 몇 달 동안 매주 여러 번 전화를 하실 때마다 제가 반갑게 받으면서 전화 통화가 즐겁다고 말했잖아요. 하지만 사실은 그렇지 않았어요. 자매님의 지루한 수다와 불평들을 억지로 참았을 뿐이에요. 왠지 그래야 할 것 같아서요. 하지만 이제 생각하니 그게 다 위선이었어요. 그래서 모든 걸 솔직하게 말씀드리려고요."

친교실의 다른 한 구석에서는 어떤 남자가 깊은 생각에 잠겨 커피를 홀짝거리더니 잔을 내려놓고 옆에 있던 남자를 쳐다보며 이렇게 말한다. "조지, 털어놓을 말이 있어. 자네가 다음 주에 같이 골프 치러 가자고 해서 그러자고 하지 않았나. 골프 같이 치자는 자네의 제안에 수십 번은 같이 갔지만, 사실 거절할 배짱이 없어서 그랬던 거야. 자네, 퍼트를 잘못했을 때 어린애처럼 화내고, 내 점수를 꼬치꼬치 캐묻고, 말도 안되는 농담을 줄줄이 해대는 데 정말 질렸어. 내 솔직한 심정을 몇 달 전에 이미 말했어야 했는데 말이야."

이런 나눔의 질병은 곧 전염병 수준으로 번진다. 온 교우들이(절제를 잘하는 몇몇 부적응자만 빼고) 부지런히 가면을 벗고 결과에 개의치 않은 채 자신의 진면목을 거침없이 열어 보인다. 대범하고 겁 없고, 단호하고 자기 확신에 찬, 현대적 의미의 르네상스맨이라고나 해야 할지. 표면적 공동체의 문제점은 해결되었지만, 그 대신 깊은 적개심과 분열이 싹튼다.

앞에서 말한 예가 좀 과장되었는지는 모르지만, 말하고자 하는 핵심은 과장이 아니다. 완전한 개방으로 문제점을 고치려다가 오히려 더 큰 어려움을 낳는다. **완전한 개방이 표면적 공동체를 대체하면 공동체에 금이 가고 결국은 공동체 자체가 없어진다.** 방어막으로 위장된 공동체의 해답은 완전한 개방이 아니다.

그리스도인은 당연히 나누는 삶을 산다. 우리는 하나님의 거룩한 성품에 함께 참예하고, 내주하시는 한 성령을 모시며, 같은 주를 섬기고 같은 명분을 따르며, 같은 말씀에 순종하고 같은 운명을 고대한다. 우리는 교제를 통해 공동의 신앙 유산을 체험해야 한다. 하지만 나눔이라는 개념을 너무 값싸게 취급했다. 그래서 오늘날 나눔의 의미는 **서로에게 그리스도를 드러내기**보다는 **자신을 내보이기**로 전락했다.

복음주의 내부에서는 **나눔**이라는 말이 일상적인 단어가 되었기 때문에—**거룩함, 주되심, 순종, 훈련**이라는 말보다 더 자주 들리는 단어다—격려하는 공동체를 지향하면서 나눔을 강조하는 데 따르는 위험성을 분명히 밝히고자 한다. 최소한 두 가지 점을 경고해야겠다.

1. **상대방의 유익을 우선으로 생각하는 마음 없이 감정을 나누면 연합이 아니라 분열을 초래한다.** 우리 시대의 큰 문제 가운데 하나는 충동 조절 능력의 부족, 또는 일상적인 언어생활에서 의지력과 절제의 부족이다. 어느 시기든 베스트셀러 열 권 중에 서너 권은 항상 다이어트에 관한 책이다. 반드시 절제를 동반하는 훈련에 관한 책이 왜 그렇게 인기를 얻는가? 현대인들은 내적 충동을 자제할 능력이 없는 것 같다. 쿠키를 보고 군침이 돌면 바로 집어 먹어야 한다.

문제는 음식에만 국한되지 않는다. 신실한 그리스도인 남성도 이발소에서 차례를 기다리는 동안 정욕에 굴복하여 슬그머니 플레이보이 잡지를 집어 든다. 가정주부들은 세탁물을 개야 할 시간에 연속극을 보고 싶은 유혹에 흔들린다. 집안일을 다 마치기도 전에 쉬고 싶은 욕구가 너무 강하다. 그래서 세탁물이 그대로 널려 있다.

우리는 욕구라는 세찬 바람에 밀려다닌다. 하지만 신자는 더 이상 육체와 마음의 욕심을 따라 살지 않는다고 사도 바울은 말한다. 우리는 이미 죽은 바 되었으나 그분의 능력으로 살리심을 받아 순종의 삶을 살 수 있는 존재가 되었다고

격려를 통한 영적 성장

한다(엡 2:1-10). 그런데 이 말이 왜 그리도 많은 사람들에게 현실이 아니라 미사여구로만 들릴까?

자제력 결핍의 주범은 자기표현을 강조하는 문화 풍토라고 생각한다. 우리의 이상은 지나치게 개방성, 솔직함, 투명성, 자기주장, 성취, 순수성을 중심으로 돌아간다. 그리고 희생적인 베풂, 절제, 자기를 부인하는 사랑, 순종, 기꺼이 견디는 자세와 같은 개념은 구식으로 여기는 경향이 있다.

우리의 에너지가 **금지**보다 표현에 맞추어짐에 따라, 충동에 역행하여 의미 있게 자신을 헌신하는 능력이 서서히 그러나 꾸준히 침식되고 있다. 어떤 부부는 결혼 서약서를 이렇게 쓰는 것이 그들의 의중에 훨씬 잘 맞는 것 같다. "나의 애정이 식지만 않는다면, 아마 그때까지는 영원히 당신을 사랑할 겁니다"라고.

부부 모임이든 친구끼리든, 교회의 목회팀이든 성경공부 모임이든 간에, 모임에서 자기 노출과 감정 표현을 최우선 가치로 강조하면 심각한 문제에 봉착한다. 하나님의 목적에 항복하는 데 꼭 필요한 자제력에 집중해야만 그리스도인다운 성품이 개발되고 폭풍우처럼 힘든 시기에도 계속 충성되이 헌신할 수 있다.

남의 유익을 위해 자신을 절제할 줄 아는 훈련의 기반 없이는, 감정적 표현이란 자기중심성을 용기로 착각한 것에 지나지 않는다. 결혼이라는 헌신 없이 옷을 벗으면 부도덕하듯이, 상대의 유익을 생각하는 헌신 없이 자신을 노출하면 결국 깨어지는 관계를 초래한다. 잘 해봤자 꾸며 낸 연합일 뿐이며, 그것도 일시적일 뿐이다.

2. 솔직한 나눔에 우선순위를 두면 목적이 변질된다. 그리스도 중심의 삶을 살도록 격려하는 관계보다는 개인적으로 편안하고 만족스러운 관계를 추구하게 된다. 기독교의 역설은 자기부인을 통해 자아실현에 이른다는 것이다. 그리스도인의 교제의 기쁨은 자신이 좋아하는 사람을 찾는 데서 끝나지 않는다. 우리의 관계는 서로 간의 기쁨보다 더 심오한 기반에 근거하고 있다.

사도 요한은 그리스도인의 교제는 단순히 사람들끼리의 수평적 관계뿐 아니라, 하나님 아버지와 그 아들 예수 그리스도와의 교제까지 포함한다고 말한다(요일 1:3). 우리는 그리스도와의 교제에 대해 말은 하지만, 다른 사람들과 편한 관계를 누리고 싶은 욕구 때문에 그 심오한 개념을 놓치기 일쑤다.

우리끼리 함께 보내는 시간을 통해 그리스도와의 관계도 더 풍성해질 수 있다는 점은 놓치지 말아야 한다. 마치 성숙한 두 자녀가 부모님에 대해 좋은 이야기를 나누다 보면 부모님이 더 가깝게 느껴지는 것과 같은 이치다. 우리끼리 누리는 관계는 즐겁고 만족스러울 수 있다. 또 마땅히 그래야 한다. 하지만 그 교제의 기반은 **그리스도 안에서 공유하는 삶**이어야 한다. 관계란 서로에게 그리스도의 모습을 드러내고, 상대방을 하나님의 형상을 지닌 소중한 존재로 대하며, 서로의 결점에도 불구하고 용납함으로 그리스도를 좀 더 풍성히 누리게 해주는 기회가 되어야 한다. 그런데 우리는 관계를 그저 편안한 느낌과 일정한 만족감을 주는 정도로만 생각하는 경향이 있다.

한 젊은 목사가 1년여 동안 그룹 상담을 공부하게 되었다. 공부 과정의 일환으로 그는 한 그룹에 속하여 솔직한 감정 표현의 중요성을 배우게 되었다. 그런데 그 모임에서 그가 자신의 감정을 나눌 때마다 따스하게 그의 나눔을 받아 주는 젊은 여성이 있었다. 그 느낌이 아주 좋았다.

눈물이 글썽한 아내의 재촉에 못 이겨 내 상담실을 찾아온 그는 이렇게 말했다. "집사람과 함께 있을 때는 전혀 좋다는 느낌이 없어요. 집사람한테 제 감정을 말하면 늘 비판적이거나 무관심하거든요. 하지만 이제 깊은 만족감을 주는 사람을 만났습니다. 그녀에게는 무슨 이야기든 할 수 있고, 그녀는 저를 다 받아 줍니다. 이렇게 진솔하고 사랑 넘치는 관계를 맛보고 나니까, 더 이상 공허한 관계를 유지할 이유가 없는 것 같아요. 하나님도 제가 위선적인 결혼 생활보다는 따스한 사랑을 누리기 원하신다고 믿습니다."

이 사람의 도덕관을 주목하라. 나는 그것을 '성취의 도덕'이라고 부른다. **우리 행동의 정당성은 그 행동이 유발하는 감정의 질로 평가된다.** 간단히 말해서, 느낌이 좋으면 실행하라는 것이다.

순종을 통한 성취

성경은 순종을 통해—때로는 고통스러운 순종을 통해—성취를 이룰 수 있다고 강조한다. 헌신보다 개방성과 솔직한 나눔을 더 중요시하는 분위기에서는 성경적 도덕 원리를 굳게 붙잡는 것이 불가능하다. 사람들이 방어막을 벗어던지고 감정을 솔직하게 나눌 때 그 결과는 상당히 심각하다.

첫째, 잘 해봤자 거짓된 친밀감이요, 대체로는 마찰과 거리감만 증폭된다.

둘째, 사람과의 관계를 통해 성취를 이루려는(그리스도와의 관계로는 충족이 안되고) 철저히 자기중심적인 추구, 그리고 성경적 도덕 원리로부터의 이탈이 발생한다.

C. S. 루이스Lewis는, 하나님을 알아 가는 기초 실험실이 바로 기독 공동체라고 말했다. 그 공동체가 피상적이 되면 그 목적을 제대로 이룰 수 없다. 그리고 완전한 개방으로 공동체의 깊이를 더하려 할 때, 교제는 우리를 하나님께로 이끌

지 못할 뿐만 아니라 오히려 그 길을 방해한다.

적용을 위한 정리

그리스도인은 말로 서로를 격려하는 법을 배워야 한다. 하지만 서로 상처받지 않으려고 보호막으로 자신을 휘휘 감고만 있으면, 말로 격려할 수가 없다. 자기보호를 목적으로 하는 말은 자기 본위이며 따라서 다른 사람에게 격려가 되지 않는다. 오직 사랑의 말이 사람을 격려할 수 있다. 사랑과 상호 관심이 특징인 진정한 공동체를 이루려면 방어막끼리 만나는 교제는 사라져야 한다.

방어막끼리만 접촉하는 교제는, 그 보호막을 다 벗어 버리고 자신의 실체와 감정을 용감히 노출한다고 해결되지 않는다. 물론 우리는 하나님 앞에서 자신을 드러내고 죄성을 모두 고백해야 한다. 하지만 다른 사람에게 자신을 완전히 여는 것은, 일반적으로 상대가 자신을 있는 모습 그대로 받아 주기를 바라는 마음에서 저지르는 실수다. 우리에게 꼭 필요한 용납은 오로지 하나님께만 기대해야 한다.

완전한 개방을 관계의 기본으로 삼으면 자신의 행복에만 연연하는 이기적인 태도, 그리고 관계의 분열과 긴장을 낳는다. 우리는 표면적 공동체에 대한 해답을 다른 데서 찾아야 한다.

5장
전적인 헌신
_올바른 해답

앞 장에서 우리는 서로 격려하는 공동체를 세우기가 쉽지 않다는 점을 살펴보았다. 상대방을 지속적으로 의미 있게 돕는 것이 목적이라면 첫째, 둘째, 셋째 하는 식의 공식은 효과가 없을 것이다. 각 교회에서는 성도 간의 관계를 개선하려고 많은 프로그램을 시도하지만, 프로그램도 해답은 아니다. 해답은 바로 초자연적으로 부어지는 사랑이다. 그런데 우리는 종종 그 사랑으로 가는 길을 잃고 헤맨다.

이런 경우를 생각해 보자. 한 그룹이 기독 공동체를 통해 현실 속에서 믿음을 살아 내겠다는 신실하고 단호한 결의로 함께 모인다. 이들이 그리스도를 알고자 하는 열망은 그 어느 열망보다 크다. 엄청난 기도와 연구를 통해 이들은 서로 격려하는 교제야말로 모임의 최우선순위라는 결론을 내린다. 그리하여 사랑과 선행을 서로 격려하는 데 총력을 기울이기로 굳게 다짐한다.

그때 매우 실제적인 한 사람이 논의의 흐름을 깨고 이렇게 말한다. "우리는 서로 격려하는 공동체가 되기로 합의했습니다. 그런데 무엇을 어떻게 해야 하는지 잘 모르겠습니다." 다른 사람들도 이 말을 곰곰이 생각하더니 핵심을 잘 지적했다고 말한다. 그리스도인들은 서로를 어떻게 격려해야 하는가?

이들은 독서와 묵상과 대화를 통해 그 질문에 대한 해답을 찾기로 합의한다. 한 달간 연구 조사를 하고, 각자 발견한 것을 제시하여 다음과 같은 결론이 도출된다. "사람들은 대체로 상대방의 말을 귀담아듣지 않는다. 사람이 하나님의 거룩한 형상을 닮은 소중한 존재임을 인정한다면, 사람을 사람답게 대해야 한다." 그리하여 이 그룹은 눈 맞추기, 자유로운 대답이 가능한 질문하기, 귀중한 시간 함께하기, 자신의 감정 살피기, 편한 분위기에서 논쟁하기, 들은 내용을 다시 한번 확인하기 등 다양한 대화의 기술들을 선별한다. 이렇게 하면 서로 간에 존중심과 소중히 여기는 마음이 생기고, 서로에게 격려가 되리라 소망하면서.

이런 시도는 한동안은 효과가 대단하다. 모임 안에 따스함과 친밀감이 가득하다. 교제 시간도 풍성하다. 그러나 친밀감이 정점에 이르렀나 싶더니 예기치 않은 긴장감이 스며든다. 대화의 기술로는 제어하기 어려운 긴장감이 그룹 전체에 번진다. 그룹 사람들은 공동체가 와해되는 것을 지켜보면서 무엇이 문제인지 의아해 한다.

그리스도의 몸된 많은 교회들이 이와 비슷한 몸살을 앓는다. 가족처럼 친밀한 분위기를 조성하겠다는 생각이 처음 상당 기간 동안은 꽤 열매를 맺는 것 같다. 그러다가 점점 하나 됨을 상실하면서 상당수의 그리스도인들이 당황하고 낙심하고 공허해 하며 환멸감을 느낀다.

출발점

앞에서 말한 그룹에 문제가 생긴 것은, 격려의 공동체를 만드는 출발점이 잘못되었기 때문이다. 대화의 기술을 연구하고 정복하는 것이 출발점이 아니다. 몸된 교회가 정말로 진지하게 서로 격려하기에 힘쓰려면, 먼저 현재의 관계를 충분한 시간을 두고 점검해야 한다. 면밀한 검토를 통해 핵심 문제를 파악하고 나면, 단순한 대화의 기술 개선으로는 그 문제 근처에도 못 간다는 것을 알게 될 것이다.

사람은 누구나 소중히 대우받고 싶은 갈망이 있으며, 이 갈망이 충족되지 못할까 봐 하는 두려움이 마음 깊이 도사리고 있다. 거절과 무시와 무가치함을 느낄까 봐 두려워한다.

따라서 자신을 안전하게 지키려는 자연스러운 발로에서 정서적 방어막을 두른다. 모욕과 비난을 막아 줄 방어막, 반갑게 인사하는 가면, 황당함이나 조롱을 막아 줄 허울, 남에게 수용되지 않을 부분들을 적당히 가려서 꾸민 외모 등.

이런 보호막은 견고히 자리를 지키고 있다. 잘 다듬은 대화의 기술과 외적인 상냥함으로 이 보호막을 제거하려는 것은 마치 허물어지는 빌딩을 장난감 총으로 세우려는 것과 마찬가지다. 경청하기와 긍정하기 기술이 방어막에서 방어막으로만 전달되면 지속적인 가치가 없다. 거리감은 계속 남아 있다. **거절의 언어**를 막는 방어 체계는 **격려의 언어**가 마음 깊이 와 닿는 것도 막는다. 교회가 진정으로 격려하는 공동체가 되려면, 가장 먼저 표면적 공동체를 손봐야 한다.

앞 장에서 우리는 방어막을 다 벗어던지고 감정을 서투르게 표현하는 것은 표면적 공동체를 고치는 좋은 방법이 아님을 살펴보았다. 그렇다면 해결책은 무엇인가?

사도 바울이 에베소서에서 한 말을 주목해 보자.

무릇 더러운 말은 너희 입 밖에도 내지 말고 오직 덕을 세우는데 소용되는 대로 선한 말을 하여 듣는 자들에게 은혜를 끼치게하라(엡 4:29).

이 구절에서 바울이 제시한 관계의 해결책은 너무도 근본적이어서, 우리는 그만 그 단순성을 오해하기 쉽다. 내가 이해하기로 이 말의 의미는, 우리 입에서 나오는 모든 말은 상대방을 세워 주는 목적에 부합해야 한다는 것이다. 이 유일하고 총체적인 목표와 타협하거나 어긋나는 말은 절대로 해서는 안된다.

바울의 해결책은 모든 억압을 벗어던지고 있는 모습을 전부 노출하는 것이 아니다. 오히려 상대방의 두려움과 방어의식과 필요를 이해하고, **우리 자신을 나누는 대신 그들의 필요를 채워 줌으로 주님을 나누라**는 것이다. 이 말은 바울이 성경의 다른 부분에서 자기보다 남을 낮게 여기라고 말한 구절과(빌 2:3-4) 일맥상통한다.

너무나 간단명료한 해결책은 바로, 전적인 개방이 아니라 전적인 헌신이다. 나의 방어막을 없애기 위해 나의 감정을 표현하는 대신, 상대방의 방어막에 가닿아 그의 두려움을 잠재우는 말을 해야 한다.

하지만 전적인 헌신을 시행하는 데 따르는 중대한 장애물이 있다. 바울의 말대로 하려면 우리의 **동기**가 아주 명확해야 한다. 우리가 말하는 **목적**을 제대로 통제할 줄 알아야 한다. 바울은 말하는 내용이 아니라 말하는 동기를 다루고 있다.

여기가 아주 미묘한 지점이다. 우리는 말의 **내용**이 아니

격려를 통한 영적 성장

라 말을 하는 **이유**를 따져 보아야 한다. 사실 올바른 동기를 정립하기보다는 그냥 올바른 말을 하는 것이 훨씬 더 쉽다. 우리의 동기[motive]라는 저수지는 이기심과 독립심으로 오염되었을 뿐만 아니라, 행동 저변의 동기를 분별하기도 쉬운 노릇이 아니다. 무엇보다도 인간의 마음은 거짓되고 부패해 있다. 우리는 실상과는 다른 목적을 진짜 목적이라고 착각하는 데 탁월한 능력이 있다.

"여보, 정말로 당신을 사랑해"라고 말은 하지만, 진짜 숨은 목적은 자신도 그런 말을 듣고 싶어서일 수 있다. 또 "도와주셔서 정말 감사합니다"라는 말이 사실은 "다음에 또 도와주시면 좋겠네요"라는 의미일 수도 있다. "안녕하세요, 반갑습니다"라는 간단한 인사말조차 순수하게 따스한 마음을 전하기보다는 왠지 불편한 마음을 달래려는 노력일 수 있다. 우리의 말이 겉보기에는 남을 생각해 주는 고상한 말 같지만, 실상은 자신도 모르게 **우리가** 원하는 것을 얻고자 그런 말을 할 수 있다.

성경은 우리에게 가차 없는 자기성찰을 촉구한다. 하지만 초자연적인 도우심이 없는 노력은 말짱 허사다. 그저 혼돈스럽고 낙심되고 화만 날 뿐이다. 오직 하나님만이 우리 마음의 숨은 동기를 분별하신다. 좌우에 날 선 검이신 하나님의 말씀이 우리의 속생각과 의도를 드러내는 성령의 도구가 된다(히 4:12).

우리는 하나님 앞에서 정서적으로 발가벗고 모든 방어막을 벗어던져야 한다. 있는 모습 그대로 완전히 드러나야 한다. 히브리서 4:13은 이렇게 말한다. "지으신 것이 하나도 그 앞에 나타나지 않음이 없고 우리의 결산을 받으실 이의 눈앞에 만물이 벌거벗은 것 같이 드러나느니라." "벌거벗은 것 같이 드러나느니라"라는 말의 원어적 의미에는, '머리가 완전히 뒤로 젖혀져서 가해자가 목에 어떤 해를 입혀도 무방비 상태'라는 뜻이 들어 있다. 하나님은 우리의 모습 그대로 모두 알고 계신다. 우리는 하나님께 자신을 알리는 과정에 들어가야 하며, 그리하여 거룩하신 하나님 앞에 의식적으로 다드러내야 한다.

차분하고 진지한 묵상, 성경을 통해 말씀하시는 성령의 인도와 다스리심 등은 우리의 동기를 분별하고 교정하는 데 절대로 필요한 전제 조건이다. 우리는 사람들과 관계 맺는 진정한 목적을 민감하게 살펴야 한다. 그렇지 않으면 우리의 동기가 사역(섬김)이어야 한다는 바울의 명령에 순종할 수 없다.

방어막으로 겹겹이 싸인 교제 속에서 참된 격려를 할 수 있는 유일한 해결책은 단 하나, 상대방의 삶에서 하나님의 도구가 되겠다는 전적인 헌신이다. 그리고 우리가 하는 말이 자기 본위인지 진정한 사역을 위한 것인지 분별할 수 있는 유일한 방법은, 성령의 인도하심과 성경 말씀을 통한 자기 성찰밖에 없다.

그러므로 전적인 헌신이라는 해결책은 결국 동기를 성찰하는 문제로 나아간다. 하지만 이 해결책에는 새로운 딜레마가 있다.

우리는 누가 격려해 줄 것인가

숨은 동기를 민감하게 분별하고 사역이라는 목적에 의미 있게 헌신할 수는 있을 것이다. 하지만 **우리 자신의** 필요와 상처는 어떻게 해야 하는가? 아직도 방어막을 두를 수밖에 없는 우리의 두려움과, 용납에 대한 갈망은 어떻게 해야 하는가? 전적인 헌신은 다른 사람을 격려하는 말을 하는 데 꼭 필요한 기본이지만, 그렇다면 우리는 누가 격려해 준다는 말인가? 장거리 운전은 얼마든지 할 수 있지만, 그러려면 가끔 기름을 채워야 한다. 받는 건 전혀 없이 계속 주고 또 주기만 한다면, 결국 차는 끼익 소리를 내며 길 위에 서고 말 것이다. 우리 정서의 기름통도 가끔씩 채워 주어야 한다.

대부분이 그렇겠지만, 나도 일을 마치고 퇴근할 때면 완전히 진이 빠지는 경우가 종종 있다. 가끔은 상담에 실패했다는 부담감에 유난히 짓눌릴 때도 있다. 몇 달 동안 상담을 받아 오던 부부한테서 상담을 그만두겠다는 전화 통보를 받는 날 같은 경우다. 그런 날은 현관문을 열고 집으로 들어서는 순간부터는 전혀 사역을 할 기분이 아니다. 그저 20여 분 동안 조용히 신문의 스포츠난이나 읽다가, 가볍고 유쾌한 대화만 하면서 편안한 저녁 식사를 하고 싶다.

초인종이 울리면 아내가 문을 열고 맞이한다. "여보, 오늘 하루 어땠어요?" 그러면 나는 한숨을 푹 쉬며 말한다. "힘들었소. 오늘 저녁은 뭐요?"

내 말의 **목적**을 생각해 보자. 내가 진이 빠져 있음을 아내가 알아차리고 안된 마음으로 대해 주기를 바랄지도 모른다. 나의 한숨 소리는 집안 문제를 나한테 알리기에 지금은 적기가 아니라는 암시다. 아내의 필요가 아니라 나의 필요가 우선이다.

하지만 사도 바울은 내가 틀렸다고, 상황을 뒤집었다고 말한다. 나의 필요가 아니라 아내의 필요가 나의 최우선순위가 되어야 한다는 것이다. 나는 아내의 삶 속에 역사하시는 하나님의 도구가 되고자 하며, 그 헌신과 타협하는 말을 해서는 안된다.

내가 현관문을 들어설 때 다른 상황은 다 똑같은데, 아내에게 사역하겠다는 헌신의 마음으로 들어선다고 가정해 보자. 피곤하고 낙심해 있는 나를 아내가 맞이한다. "오늘 하루

어땠어요?" 그러면 나는 이렇게 대답한다. "여보, 오늘은 정말 힘들었소. 기분도 좀 울적하구려. 가족들과 함께하기 전에 잠깐 나 혼자만의 시간을 좀 갖고 싶소."

여기서 사역의 목적에 위배되는 말은 하나도 없다. 아내의 필요를 채워 주겠다는 목적에 의식적으로 헌신한다면, 내 말은 바울의 기준에 부합한다. 그 순간에 아내가 자신의 문제를 내게 말하려 한다면, 나도 헌신했으니 응수해야 한다. 또 하나님의 은혜로 적절하게 응수할 수 있을 것이다.

이렇게 사역의 동기에 부합하게 살려고 무진 노력을 하겠지만, 나는 여전히 내 정서적 필요를 첨예하게 의식하고 있다. 잠깐만 쉬고 싶다는 남편에게 아내가 이렇게 맞받아친다고 하자. "당신은 항상 나보다 당신이 더 힘들다고 생각하죠! 당신도 하루 종일 집 안 청소에, 장보기에, 수십 통씩 걸려 오는 전화에, 하루 종일 징징대며 들락거리는 애들 속에서 복닥거려 보세요. 나는 도대체 언제 쉬죠?"

그런 말에 남편은 어떻게 반응해야 하는가? 성경책도 덮고 양심도 저버린다면 몇 가지 선택 가능한 대답이 나올 것이다. 하지만 에베소서 4장을 펼치고 우리의 양심도 성령의 인도하심에 맡긴다면, 그 힘들어 하는 남편에게 어떤 조언을 해줄 수 있겠는가? 이 질문을 요약하면 이렇다. **우리 자신도 필요를 채우고 싶어 울부짖는 마당에 어떻게 꾸준히 다른 사**

람을 위한 사역 목표를 지속할 수 있는가?

이 어려운 질문에 답하려면 **목표**와 **욕구**라는 두 가지 개념을 잘 구분해야 한다.

목표냐 욕구냐

목표란 사람이 변함없이 꾸준히 헌신하고 있는 목적이라고 정의할 수 있다. 그 사람은 그 목표에 무조건적인 책임을 지며, 본인이 열심히 노력하면 그 목표는 성취 가능하다.

반면에 **욕구**란, 다른 사람의 협조 없이는 얻을 수 없는 무언가를 원하는 것이라고 정의할 수 있다. 욕구는 그 사람의 통제를 넘어서기 때문에 책임질 수 없는 목표다. 따라서 욕구를 성취하는 것을 행동의 목표로 삼으면 절대 안된다. 그렇게 되면 자기 힘으로 성취할 수 없는 것에 책임을 져야 하기 때문이다.

한 친구와 대화를 할 때마다 나는 내 입장이 전혀 이해받지 못하는 것처럼 느껴진다. 때로는 그가 내 생각을 충분히 존중하기나 하는지, 그래서 내 말에 충분히 귀 기울이기나 하는지 의심스러울 때가 있다. 둘이 의견이 다른 사안에 관해 대화할 때는 너무 황당해서 돌아 버릴 것 같은 때도 종종 있다. 왜 그럴까? 나는 왜 그렇게 실망이 될까?

여기서 내 말의 목적이 무엇인지 생각해 보자. 어쩌면 나는 그 친구가 내 말에 동의는 안 할지라도 이해는 해주기를 강요하고 있는지 모른다. 그렇게 되면 내 말은 내가 통제할 수 없는 목표에 도달하기 위한 수단이 된다. 나는 친구에게 이해를 강요할 수 없다. 더군다나 나를 이해하려는 **마음이 들게** 할 수는 없다. 하지만 그에게 내 생각을 이해시키는 것이 내 목표가 되었다. 이 동기는 잘못된 것이다.

어쩌면 그 친구가 내 말을 듣지 않으려고 거부하는 이유는, 직면하기 싫은 문제에 상관하지 않으려는 그의 방어막 때문일 수도 있다. 물론 내가 그의 이해를 받으려고 끈질기게 애쓰는 이유도, 오해받고 있다는 고통스러운 감정을 없애려는 내 방어막 때문이다. 사도 바울의 기준에 따르면, 내 말은 해롭고 무익하고 무가치하다. 전혀 격려가 안되는 말이다. 친구에게 헌신하려는 기미가 전혀 없기 때문이다.

그가 내 말을 경청하게 하겠다는 내 **목표**는 목표의 정의에는 어긋나고 오히려 **욕구**의 정의에 맞는다. 물론 그가 내 말을 경청하기를 **바라는 마음**은 죄가 아니다. 하지만 내 말을 들어 달라는 **요구**는 그가 내 말을 꼭 들어 주기를 **원하는 것**이며, 이것은 죄다.

가능한 한 그를 이해하면서 내 입장을 분명히 밝히는 것을 목표로 삼으려면, 내 생각 몇 가지를 다시 정리해야 한다. 이 이중 목적—그를 이해하고 내 입장을 명확하게 말하는 것—은 그의 협조가 있든 없든 성취될 수 있다. 그가 내 말을 들어 주기를 바라는 내 욕구는 목표가 아니라 욕구로 그쳐야 한다.

목표는 우리가 노력해야 할 사안이고, 욕구는 기도해야 할 사안이다. 나는 친구를 이해하기 위해서, 그리고 내 생각을 방어적이 아닌 태도로 제시하기 위해서 노력해야 한다. 그 목표를 위해 노력하는 동시에 그가 나를 이해해 줄 날을 기다리며 기도해야 한다. **욕구는 기도하고, 목표는 노력하라.**

문제로 쩔쩔매며 현관문을 열어 주는 아내의 남편도, 일 중독에 빠진 남편에게 전혀 인정받지 못하는 주부도, 자기 자리를 못 찾는 외로운 독신자도, 가끔씩 무시당하는 친절한 그리스도인도, 누구나 목표와 욕구를 엄밀하게 구별해야 한다. 그토록 갈망하는 격려를 원하는 것(**욕구**)은 타당하지만, 남을 격려하겠다는 목적을 추구하는 데(**목표**)는 의지력을 발휘해야 한다. 격려를 원하는 우리의 욕구가 채워지기를 기도하면서(결과는 하나님께 맡기고), 다른 사람을 격려하는 데 열심을 내야 한다. 내 욕구는 **내가** 격려받는 것이고, 내 목표는 **다른 사람을 격려**하는 데 필요한 모든 것을 하는 것이다.

표면적 공동체의 해결 방법은 사역이라는 **목표**에 전적으로 헌신하는 것이다. 하지만 이것이 모든 문제를 해결해 주지는 않는다. 내 **욕구**는 전혀 충족되지 않고 남아 있을 수 있다. 아무도 나에게 사역해 주지 않는데 과연 무제한 사역이라는 목표를 꾸준히 추구할 수 있을까? 이 문제는 다음 장에서 살펴보자.

적용을 위한 정리

표면적 공동체의 문제점은 전적인 개방이 아니라 전적인 헌신이 해결해 준다.

전적인 헌신은 우리의 두려움이 아니라 상대방의 두려움을 줄여 주고, 그들의 필요를 채우는 데 필요한 모든 일을 하겠다는 헌신이다.

우리가 하는 말의 동기도 전적인 헌신이어야 한다. 우리는 세세한 말 한 마디 자체보다 상대방에게 사역한다는 목적에 더 관심을 두어야 한다. 또한 우리의 동기를 제대로 파악하려면 성경 연구와 묵상으로만 얻을 수 있는 영적 통찰력이 필요하다.

우리 역시 누군가에게 격려받고 싶은 욕구를 인정하는 한편, 다른 사람을 격려한다는 목표에 헌신해야 한다. 격려받고 싶은 욕구가 충족되지 않을 때는 다른 사람에게 사역한다는 목표를 지속하기가 어렵다. 그러나 불가능한 것은 아니다.

6장
격려자의 성품

그리스도인으로서 다른 사람과 상호작용을 할 때—점심 시간이나 성경공부 시간, 또는 저녁 식사 자리나 전화 통화를 하면서—우리는 **저절로 되지 않는 것**을 의식적으로 꾸준히 해야 한다. 우리의 목적은 사역임을 상기하고 그 목적을 계속 새롭게 인식해야 한다.

그렇다고 해서 우리가 하는 말마다 성경 구절을 인용해야 한다는 뜻은 아니다. 또 어떤 사람들처럼 기도할 때면 목소리를 영적인 어조로 깔아야 한다는 의미도 아니다. 사역을 한다고 정상적인 삶이 박탈되는 것은 아니다.

얼마든지 치열하게 테니스 경기를 즐기고, 열띤 논쟁을 벌일 수 있다. 모닥불을 활활 피우고 친구들과 뜨거운 코코아 한 잔을 같이할 수도 있다. 엄격하고 경건하게 눈에 힘을 주고 거룩한 명상에 잠긴 듯한 표정을 지으며 가벼운 농담이나 웃음은 한사코 피하라는 말이 아니다. 또는 말끝마다 "하나님의 은혜로", "오, 주여!" 등을 후렴구처럼 갖다 붙이라는 것도 아니다. 이런 표현이 자연스럽게 흘러나오는 것은 상관없지만, 그게 아니라면 아예 하지 않는 편이 낫다. 강요된 영성은 전혀 영적이지 않다.

사역에 헌신한 그리스도인도 식사 준비를 하고 친구를 만나고 공과금을 내고 출근을 한다. 하지만 일상 속에서도 우리는 다른 사람의 유익을 구하겠다는 의식적인 헌신을 계속해야 한다. 그리스도인으로서 우리는, 모든 상황 속에서 우리의 말이 끼칠 영향력을 염두에 두고, 상대방의 필요를 민감하게 헤아려 적절하게 말을 골라서 해야 할 책임이 있다. 우리의 언행을 통해 사역의 동기를 개발하고 유지하고 자양분을 주어야 한다.

사도 바울은 모든 그리스도인이 나중에 다 그리스도의 심판대 앞에 설 것을 말하면서, 우리의 동기를 순수하게 지킬 것을 강조한다. 심판날에 우리 주님은 우리가 이 땅에서 행한 일의 숨은 동기를 다 드러내실 것이며, 거룩한 목적으로 행한 일에만 상급이 있을 것이다(고전 4:5). 다른 것은 모두 무가치하게 불에 타 없어질 것이다.

그러므로 '무엇을 하는가'보다 '왜 하는가'가 더 중요하다.

목사가 새 신자에게 반갑게 인사하는 목적이 자신의 목회자적 자질을 드러내고 싶어서라면, 그런 친절에는 상급이 없을 것이다. 육체의 열매이기 때문이다. 다른 사람들에 대한 나의 관심을 그들이 알아주었으면 하는 욕구는 있지만, 처음 온 사람의 마음을 따뜻하게 녹여 주는 것이 나의 목적이고, 나의 욕구가 충족되든 안되든 상관없이 그 목적을 추구한다면, 나의 친절은 참된 사랑의 동기에서 우러난 것이다.

이것은 높은 기준이다. 올바른 동기의 의미와 하나님이 나에게 요구하시는 바를 곰곰이 생각하노라면, 나는 그 수준에 도달할 수 없음을 인정하고 백기를 들 수밖에 없다. 내 속에는 오히려 다른 사람이 나를 사역해 주어야 한다는 고집스러운 요구가 똬리를 틀고 있다. 그 요구를 단순한 욕구로 바꾸기는 어렵다. 목표와 욕구의 차이점을 말하기는 쉽지만 실행하기는 쉽지 않다. 그래도 하나님이 제시하신 목표를 향해 단호한 결심으로 올곧게 나아가야 한다. 나에게 제대로 사역해 주는 사람이 없어 보일 때도, 사역에 계속 헌신할 수 있는 탄탄한 성품을 개발해야 한다. 어떻게 하면 이렇게 의연한 성품을 기를 수 있겠는가?

포로수용소에 3년 동안 수용되었던 한 남자와 이야기를 나눈 적이 있다. 그 기간 동안 그는 주님께서 하신 이상한 명령, "네 원수가 너를 무시하고 이용할 때에도 그를 사랑하고 선을 행하라"는 말씀의 의미를 제대로 배우기로 결단했다. 불시험 같은 그 박해의 기간은 성령께서 그에게 그러한 성품을 심으실 수 있는지를 시험하기 좋은 기회였다. 그는 성공했다. 자신을 박해하는 자들을 순수한 마음으로 돌아보고 그들의 유익을 구할 수 있었다고 한다.

어떻게 하면 우리도 그런 성품을 개발할 수 있을까? 사실 우리는 우리를 냉혹하게 매질하는 적군은 고사하고, 믿음의 형제와 자매조차도 너무 말이 많다는 이유로 사랑하지 못한다. 하지만 그리스도의 몸된 교회 안에서 진정한 격려자가 되려면, 우리의 욕구가 전혀 충족되지 않을 때에도 사역에 꾸준히 헌신할 만큼 강해져야 한다. 어떻게 하면 그처럼 강해질 수 있을까?

사역의 어려움

펜실베이니아에서 살던 어린 시절, 나는 추운 겨울 아침에 일찍 일어나는 것을 좋아했다. 일어나서 옷을 갈아입기 전에 잠시 베개를 베고 누워, 벽에 달린 난방장치 근처에 다리를 쭈욱 뻗곤 했다. 따스한 온기가 내 맨발을 감싸노라면 나는 아무런 걱정도 없이 마냥 뿌듯하고 행복했다. 나는 온기만 즐기면 되었고, 그 값은 **아버지**가 지불하셨다. 다른 사람이 나의 유익을 위해 완전히 책임질 때, 우리는 깊은 만족감을 느낀다.

요즘은 상황이 달라졌다. 우리 가족은 북쪽으로 이사 오기 전에 남캘리포니아에서 10년 동안 살았는데, 당시 에어컨을 가동시킬 때마다 내 눈앞에는 정신없이 돌아가는 미터기가 마구 상상되었다. 전기세가 얼마나 많이 나올지 심히 염려스러웠다. 아무런 걱정 없이 천하태평인 쪽은 우리 아이들이었고, 아버지가 된 나는 시원한 바람 속에서도 전기세만 생각하면 진땀이 났다. 어린 시절 북쪽 지방의 추운 겨울에 그 난방기에서 불어오던 온풍을 생각하면, 다른 사람의 보살핌에 나 자신을 완전히 맡기는 기분, 내 필요를 다 공급해 줄 그 사람에게 의지하는 기분이 얼마나 근사한지를 기억하게 된다.

나보다 강한 사람의 보살핌을 받고 싶은 욕구는 인간의 조건에 꼭 필요한 부분이다. 자신을 다른 사람에게 완전히 내맡기고 싶은 갈망이 너무 강렬한지라, 내가 누군가의 **의지가 되어 주는 것**dependable에는 당연히 저항감이 따른다. 차라리 내가 누군가를 **의지하기**dependent 원한다.

하지만 의지가 되어 주는 것이 사역의 핵심이다. 사역을 하려면 상대방의 사역을 갈망하는 자연스러운 열망을 거부해야 한다.

시간을 내어 조용히 자신을 들여다보면, 누구나 강인한

격려를 통한 영적 성장

타인 안에서 편히 쉬고 싶은, 거의 감상에 가까운 갈망을 볼 수 있다. 사랑 많은 은인이 베푸는 따스함 속에서 안전감을 느끼고 싶어 한다. 사역의 어려움이 여기 있다. 사역에 헌신하면 할수록, 나도 누군가의 보살핌을 받고 싶다는 욕망 또한 고통스러울 만큼 더 또렷이 의식된다.

하지만 늘 다른 사람의 필요를 생각하라는 바울의 명령은 이런 가슴 찡한 욕구를 냉정하게 무시하는 듯하다. 다른 사람을 **돕는** 일에 헌신하다 보면, 내 자신을 누군가에게 **내맡길** 자유는 절대 누리지 못할 것이다. 그런데 내 영혼은 바로 그것을 갈망하며 울부짖는다. 내가 어린 시절에는 전기세를 걱정해 본 적이 없었다. 부모님의 능력에 나를 내맡기는 것은 정말 기분 좋은 일이었다. 하지만 나를 누군가에게 내맡기려면, 그 사람의 유익에 대해서는 생각도 하지 말아야 한다.

사역에 따르는 진짜 어려움이 여기 있다. **내 말이 상대방에게 끼치는 영향력을 잠시도 무시할 수 없기 때문에**, 지구상에는 나를 정당하게 내맡길 수 있는 사람이 한 명도—문자 그대로 단 한 명도—없다. 내 말이 상대방의 필요를 제대로 채워 주는지 늘 마음을 써야 한다. 나는 다른 사람에게 미칠 나의 영향력을 걱정하는 자리에 있고 싶지 않다. 그들이 하는 말이 내게 어떤 영향을 끼칠지 그들이나 걱정했으면 싶다.

사역을 진지하게 생각하는 사람이라면, 다른 사람의 사역을 받고 싶은 **욕구**가 **목표**가 되지 않도록 조심하는 사람이라면, 쓰라린 외로움은 불가피하다. 다른 사람들과 삶을 나눌 수는 있지만, 절대로 그들에게 완전히 의지할 수 없다는 의식이 생긴다. 사역에 헌신한 그리스도인은 자신의 가장 깊은 갈망이 충동질하는 그것을 하지 않는 사람이다. 그런 행동은 사역에 헌신하는 것을 방해한다.

사역이라는 목적을 폐기하고 다른 사람의 사역을 받음으로 외로움을 해소할 방법을 적극적으로 찾는다 해도 참된 만족은 얻지 못할 것이다. 아무리 좋은 친구라도 결국은 자아 몰두나 불완전한 이해로 우리를 실망시킬 것이다. 출구는 없다. 타락한 인간의 조건은 그 자체로 외로울 수밖에 없으며, 이 문제는 사역에의 헌신과 함께 더욱 복잡해진다.

외로움이 주는 놀라운 유익

하지만 옛날 영화가 그렇듯이, 비록 콧수염을 기른 악당들이 주인공을 기차 레일에 꽁꽁 묶어 놓는다 해도 이야기는 거기서 끝나지 않는다. 놀라운 깜짝쇼를 펼치시는 하나님은 처절한 상황을 다시 한번 전무후무한 기쁨으로 바꾸신다. 사역에 헌신함으로 발생한 외로움을 해결하시는 하나님의 해결책이 있다.

우리가 하는 격려의 말이 견실한 영향력을 끼치려면, 그리스도인으로서 서로를 세워 주려는 우리의 노력이 단순히 입에 발린 말 이상이 되려면, 우리는 하나님에 **대해서만 아는** 것이 아니라, 하나님을 참으로 **아는** 자들이 **되어야 한다**.

내가 이십 대 후반일 때 일흔이 다 된 강사와 공동 강연을 한 적이 있었다. 내 강의는 실제적이고 적절하고 흥미로웠다. 반면에 그분의 강의는 위력이 있었다. 우리 둘의 차이점은, 그분이 하나님을 아는 깊이에 비하면 내가 하나님을 아는 깊이는 고작해야 하나님께 인사 한 번 까딱 하는 수준이었다.

거룩한 성품을 다지려면 무엇보다 먼저 하나님을 알아야 한다. **하나님을 알아 가는 여정에서는 결국 외로움의 깊은 골짜기를 지날 수밖에 없다**. 우리 주위에 하나님 외에 아무도 없을 때 하나님을 가장 충만하게 알게 된다. 그렇게 철저히 혼자되는 시기는 다른 사람에게 우리의 삶을 완전히 비워 줄 때 생긴다.

우리를 사역해 줄 **의지할 만한** 사람이 없을 때, 다른 사람이 건네는 작은 격려의 말을 감사히 받을 때, 우리의 영혼은 가장 깊은 갈망—완벽하게 강하고 믿을 만한 사람에게 자신을 내맡기고 싶은 마음—을 느낄 것이다. 깊은 외로움을 느낄 것이다. 그때에도 우리가 사역에의 헌신을 타협하지 않고 지속할 때, 외로움은 더욱 극렬해질 것이다.

이처럼 외로움이 극에 달한 순간에 철저히 하나님을 의지해야 한다. 하나님께 온전히 의탁함으로써, 하나님이 우리에게 응답하시지 않으면 완전히 무너질 수밖에 없을 정도가 되어야 한다. 그때 우리는 하나님을 더 알게 될 것이다. 거룩한 성품이 자라날 것이다. 어둠이 가장 깊을 때 하나님의 영광이 가장 환하게 빛난다. 우리가 가장 약할 때 비로소 하나님의 능력으로 충분하다는 것이 입증된다. 우리가 사랑받지 못한다고 느낄 때 하나님의 사랑이 가장 깊이 우리를 파고든다.

얼마 전에 이런 생각들을 외국에서 열린 한 모임에서 나눈 적이 있다. 내 첫 강의가 끝나자 이십 대 후반의 한 남성이 찾아와서 강의와 관련하여 자기 사연을 이야기했다. 그의 아내는 그 전 해에 암 때문에 유방 절제술을 두 번이나 받았다고 한다. 암 진단을 받고 수술을 하고 현재에 이르기까지, 그는 아내를 위해 강인함을 유지하느라 애썼다. 아내에게 격려의 근원이 되고 싶었기 때문이다. 자신의 고통과 혼란스러움, 두려움만으로도 정서적으로 무척 힘들었지만, 그는 아내를 섬기겠다는 단 하나의 목적에 온전히 헌신했다.

그 젊은 남자는 시편 142편을 소리 내어 읽어 달라고 부탁했다. 내가 그 시편을 찾느라 성경책을 뒤적이는 동안, 그는 잠들 수 없었던 숱한 밤들, 혼자서 혹은 아내와 눈물로 기도하며 그 시편을 읽었던 밤들을 이야기했다. 나는 그 시편

격려를 통한 영적 성장

을 찾아 다음 구절을 읽어 주었다.

내 영이 내 속에서 상할 때에도
주께서 내 길을 아셨나이다(3절).

내 영혼을 돌보는 이도 없나이다.
여호와여, 내가 주께 부르짖어 말하기를
주는 나의 피난처시요
살아 있는 사람들의 땅에서 나의 분깃이시라 하였나이다(4, 5
절).

나의 부르짖음을 들으소서.
나는 심히 비천하니이다(6절).
내 영혼을 옥에서 이끌어 내사……
주께서 나에게 갚에 주시리니(7절).

이 구절을 읽는 내 목소리가 떨리면서 눈물방울이 떨어졌다.
그 젊은이에게 나는 생명의 말씀, 곧 그를 하나님과의 깊은
연합으로 이끌어 준 말씀을 읽고 있었던 것이다.
나는 비슷한 내용의 시편 73편이 생각났다.

하늘에서는 주 외에 누가 내게 있으리요.

땅에서는 주밖에 내가 사모할 이 없나이다.……

하나님께 가까이 함이 내게 복이라(25, 28절).

격려자의 성품은 강인해야 한다. 하나님 외에 아무도 없는 외로움이라는 풀무 속에서 형성되고 단단해져야 한다. 그리고 외로움은—하나님을 알 수 있는 그 놀라운 기회는—우리가 다른 사람에게 사역하는 데 철저히 헌신함으로, 우리를 사역해 줄 유일한 분으로 하나님만 의지할 때 찾아온다. 하나님의 사역은 우리를 그분의 임재 속으로 이끌사 거룩한 기반 위에서 사람들에게 말하도록 하신다. 그럴 때 우리의 말은 영원히 능력을 발휘한다.

적용을 위한 정리

우리는 다른 사람들이 우리에게 제대로 사역해 주지 못할 때에도 그들을 향해 꾸준히 사역하기로 헌신해야 한다.

사역에 헌신함으로 우리는 다른 사람에게 우리를 절대로 완전히 맡길 수 없게 되며, 누군가 우리에게 사역해 주기를 온전히 의지해서도 안된다. 그렇게 계속 헌신하다 보면 그 헌신 때문에 얻을 수 없는 것을 갈망하게 된다. 누군가에게 완전히 의지하고 싶은 마음 말이다. 그 결과 우리는 고통스러운 외로움을 겪는다.

가장 외로운 그 순간에 하나님께 온전히 자신을 내맡기고, 그분이 우리를 사역하시도록 의지할 때 하나님을 만나게 된다. 그리하여 가장 깊은 내면이 강건해지고 우리의 성품도 하나님 안에 깊이 뿌리내리게 된다.

하나님의 임재 속에서 보내는 시간을 통해 우리는 사역에 지속적으로 헌신할 수 있게 된다. 우리의 말은 생명을 주는 말이 되고, 우리가 알게 된 하나님의 사랑이 흘러넘치는 말이 된다. 우리의 말에 격려하는 힘이 실릴 것이다.

7장
우리는 언제
자신의 감정을 말해야 하는가

격려자가 되려는 사람은 만나는 모든 관계 속에서 사역을 하겠다는 목표에 헌신한 순간부터 어려운 문제에 봉착한다. 주는 입장이 되면 가지고 있는 자원도 쉽게 고갈되고 다른 사람에게 주기로 헌신한 바로 그것을 자신도 받고 싶은 열망이 가중된다.

그 결과 격려자는 외로움을 느끼게 되는데, 이 외로움이 냉소주의나 후퇴, 엇나가기나 피상성으로 치달으면 안된다. 오히려 외로움 때문에 생긴 절망 속에서 온전히 하나님만 바라보아야 한다. 우리가 외로울 때, 그리스도와의 관계는 **사실**을 넘어서 뜨거운 현실로 **느껴진다**.

하지만 하나님의 생명력을 느끼는 동안에도 해결해야 할 문제는 여전히 남아 있다. 격려자 후보생들은 힘든 감정을 계속 느낄 수밖에 없다. 물론 그리스도와의 교제는 건강하고 건설적이지 않은 감정들을 모두 잠식시키는 능력이 있다. 하지만 그러한 수준의 영적 성숙은 보통 사람에게는 그림의 떡이다. 다른 사람들을 격려하는 사역에 성실히 헌신하고, 우리 자신은 그리스도께서 직접 사역해 주실 것을 굳게 믿어야 한다. 그렇더라도 불안, 염려, 질투, 쓰라림, 그리고 정욕은 끊임없이 우리를 괴롭힌다.

자신이 격려하려는 사람 때문에 오히려 격려자가 힘들어질 때는 어떻게 해야 하는가? 우리를 괴롭히는 사람을 어떻게 격려할 수 있는가? 격려의 사역을 감당하려면 우리가 좋아하는 사람만 사귀려는 한계를 넘어서야 한다. 상대방이 별로 중요하지도 않은 문제나 또는 절망스러운 일들을 털어놓으며 우리에게 짐을 떠맡길 때, 그리하여 우리가 몹시 지칠 때는 어떻게 해야 하는가? 그런 사람은 별로 격려하고 싶지 않을 것이다. 격려의 사역에 헌신하면, 격려를 방해하는 다양한 정서적 상황에 봉착할 것이다. 우리 자신의 감정부터 부정적인데, 어떻게 격려자로서 지속적인 헌신을 할 수 있겠는가?

사람이 감정을 처리하는 세 가지 방법을 살펴보고 격려의 사역을 지속하려면 어떤 방법을 택해야 하는지 알아보자. 감정을 처리하는 세 가지 방법은 다음과 같다.

1. 억압

2. 표출

3. 감정 인정과 의도적 표현

방법 1_ 억압

한 경건한 아내가 남편에게서 직접 외도 사실을 듣게 되었
다. 아내가 말씀 사경회의 주강사로 지금 막 사경회에 가려
는 참에 남편은 그 일을 털어놓았다. 그녀는 부부 관계에 무
언가 석연치 않은 구석이 있다는 것은 어렴풋이 느꼈지만,
남편의 외도는 전혀 예상 밖이었다.

그녀는 사경회 첫 강의를 겨우 마친 뒤 밤늦게 내게 전화
를 했다. 그날 통화에서 느낀 그녀의 태도는 자못 특이했다.
그녀는 마치 다른 여자가 당한 슬픔을 이야기하듯 말했다. 내
가 그녀의 기분을 묻자 이렇게 대답했다. "남편이 너무 안됐
다는 생각이 들더군요. 그동안 얼마나 힘들었을까 싶어서요."

나는 움찔해서 다시 물었다. "분하거나 속상하지 않으십
니까? 아무리 그래도 불쾌하잖아요? 당신은 억장이 무너질
텐데 어떻게 남편 걱정을 하십니까?" 그녀가 대답했다. "난
최대한 그이에게 도움이 되고 싶어요." 주는 입장이 됨으로
써 별로 노출하고 싶지 않은 부정적인 감정을 감추겠다는 의
미였다. 그녀와 여러 번 직접 상담을 한 결과 내 추측이 맞았

다. 그녀는 화가 끓어오르는 마음을 감추고 있었다. 그렇게 묻어 버린 감정을 들추어내느라 날카로운 질문을 하며 집중적으로 파고들어야 했다. 그녀는 감정을 억압했던 것이다.

억압이라는 방법으로 감정을 처리한 두 번째 실례를 보자. 내 내담자 중에 최고급 가정환경에서 자란 사람이 있었다. 그 집 아이들은 고급스러운 옷을 입고, 식사 예절을 깍듯이 배우고, 학교에서도 주로 리더로 열심히 활동했다.

그 내담자는 스물아홉 살이었고, 집안 수준에 걸맞게 잘 살고 있었다. 우등생으로 법대를 졸업했고, 명가의 규수와 결혼했으며, 법률 회사에서 받는 연봉은 큰 저택과 고급 자동차를 유지하기에 충분했다.

그가 상담을 받게 된 계기는, 아내가 남편이 너무 많은 시간 일만 하는 것에 대해 사소한 불평을 했는데(그의 표현이 그랬다), 그가 그만 폭력을 행사한 것이다. 아내를 친 다음 그는 뒷걸음쳐서 문 귀퉁이에 머리를 짓찧었다. 머리가 온통 피투성이가 될 때까지. 그러다가 무너지듯 털썩 쓰러지며 거의 20분을 격하게 흐느껴 울었다고 한다. 자신이 왜 그렇게 폭발했는지 본인도 이유를 알 수 없어서, 다음 날 아침 내게 전화를 걸어 왔다.

앞에서 말한 두 내담자는 정서적 억압에 능한 사람들이다. "나는 이런 감정은 느끼고 싶지 않으니까, 안 느낄 테야."

그 여성은 기독교라는 이름으로 분노의 감정을 부정했고, 그 젊은 남성은 체면 때문에 감정을 부정했다. 두 사람 다 격한 감정을 부정하는 방법으로 잘못 처리함으로 쓰디쓴 결과를 맛볼 수밖에 없었다.

사도 바울은 우리의 말하는 태도에 대해 가르치기 직전에, 먼저 서로 "참된 것을 말하고" 화해하는 방향으로 분노를 신속히 처리하라고 말한다(엡 4:25-26). 분노를 느끼는 사람은 죄를 짓기가 쉽다. 화가 나면 뒷생각 안하고 화난 감정을 상대방에게 쏟아붓기 쉽다. 그렇다고 아예 감정 표현을 안하려고 화가 **안 난 척하는** 것도 해답이 아니다.

그리스도인은 어떤 형태로든 '척하면' 안된다. 정욕이 끓든, 걱정, 탐심, 원한, 또는 증오가 느껴지든, 어떤 순간에서든 감정의 실재를 인정해야 한다. 화가 났을 때는(여타 어떤 감정이든) 그 사실을 자신과 하나님 앞에서 충분히 인정하고, 그 감정에 수반되는 신체적 동요를 온몸으로 느끼는 것은 죄가 아니다. 그렇게 하지 않는 것이 어리석을 따름이다.

때로 하나님은 우리를 불편하고 좌절스럽게 하는 사람들을 격려하라고 하신다. 그래서 우리도 때로는 화나고 속상할 것이다. 하나님은 불완전한 우리를 부르사, 문제와 실망으로 가득한 세상과 싸우며 살아가라고 하신다. 긴장과 낙심, 염려와 죄책감, 자신의 부족함이 느껴질 때도 있을 것이다. 상대방 중심의 격려자가 되려고 노력하는 과정에서 화산처럼 부글부글 끓는 감정을 안 그런 척하거나 억눌러서는 안된다. 감정 억압이 다른 사람 보기에는 영적으로 성숙해 보일 수도 있지만(그래서 자신과 상대방을 기만할 수도 있지만), 그것이 정말로 온전한 성숙을 촉진하지는 못한다. 억압은 압박감과 기만을 낳는다. 좋지 않은 감정을 부정하는 데 뛰어난 사람은 상대방에게 깊은 격려가 되는 힘 있는 말을 할 수 없다.

방법 2_ 표출

심리학자들이 가끔 '교회 노이로제'라고 부르는 정서 장애가 있다. 문제의 근본 원인을 파고들어가 보면 교회와 관련되어 있기 때문이다. 일반적으로 복음주의 교회들, 특별히 근본주의 교회들은 부정적 감정을 처리하는 가장 적절한 방법으로 억압을 선호한다고 심리학자들은 말한다(수긍이 가는 부분이 꽤 있다). 그런 억압에 붙이는 딱지가 바로 '노이로제'(신경증)다.

종교적 규제로 발생한 심리 문제를 진단하는 과정에서 심리학자들은 억압된 정서에 대한 해결책으로 정서의 표출을 추천한다. 자아 몰입적인 카타르시스를 주창하는 이들은, **표출되지 못한 감정**의 문제는 **감정 표출**로 해결할 수 있다고 주장한다. 하지만 감정을 무제한 뿜어내면 문제만 악화된다.

내가 상담 업무를 시작한 초반에, 내담자 중에 유난히 감정을 억압하는 부인이 있었다. 나는 그녀가 남편에게 품은 적개심을 인정하게 만드느라 엄청나게 힘을 쏟았다. 결국 그녀는 술 취한 남편이 새벽에 비틀거리며 집에 들어올 때 느꼈던 미움의 감정을 인정했다. 그 다음 상담 때 그녀는 뿌듯한 표정으로 상담실을 들어서더니 이렇게 선언했다. "이제 저는 다 치료된 것 같아요! 엊그제 남편이 또 술에 절어서 새벽 2시 반에 들어왔거든요. 제가 화난 게 정말로 느껴지더라구요. 그래서 벌떡 일어나 신발장에 있던 신발들을 남편한테 마구 던졌어요. 얼마나 취했는지 꼼짝도 못하더군요! 그러고 나니 기분이 훨씬 좋아지더라구요."

그 내담자는 분명히 억압에서는 치유되었지만, 그 반대 행동을 태연자약하게 행했다. 하지만 책임감 있는 상담가라면—기독교인이든 아니든—그 행동을 정신적으로 진전된 건강한 행동으로 보지는 않을 것이다. 그러지 않기를 바란다. 감정이 없는 척하는 것도 문제지만. 감정을 무제한으로 쏟아 내는 것도 나을 게 없다.

성경적인 감정 처리 방법은 무절제한 표출도 아니고 신경증적인 억압도 아니다. **억압**은 심리적 긴장감을 초래하여 방어막을 더 두껍게 만들어 격려를 못하도록 방해한다. **무분별한 표출**은 격렬한 감정이 끓어올라서 오히려 그리스도의 능

격려를 통한 영적 성장

력을 경험할 기회를 앗아 간다. 이 두 가지 방법은 격려자가 되려는 사람에게 전혀 도움이 안된다.

그렇다면 부정적이고 사랑할 수 없는 감정이 들 때 어떻게 해야 할까? 문제성 감정이 마음을 파고들 때 어떻게 격려자로서의 헌신을 유지할 수 있을까? 억압도 표출도 잘못된 것이라면, 남은 대안은 무엇인가?

방법 3_ 감정 인정과 의도적인 표현

격렬하고 거친 감정을 표현하는 것이 옳은 때도 있다. 성경에도 분명한 예가 있다. 바로 우리 주님께서 성전에서 돈 바꾸는 자들을 내쫓으신 사건이다(막 11:15 이하; 요 2:13 이하). 다른 예들도 있다. 사도 바울은 고린도 교회를 심하게 꾸짖는 편지를 쓴 바 있다. 그리고 베드로가 유대주의자들의 영향에 움츠러들었을 때, 바울은 "그를 대면하여 책망"했다(갈 2:11). 정황으로 볼 때 그가 부드럽고 온유하게 말했을 리는 만무하다. 구약의 탄원 시편들을 보면 원수를 혹평하는 말로 가득하다. 특히 시편 137:9을 보라.

분노뿐만 아니라 슬픔과 고민도 다른 사람에게 표현하는 것이 온당할 때가 있다. 나사로의 친구들은 예수님이 그의 무덤 곁에 서서 우시는 걸 보았다. 예수님이 겟세마네 동산에서 기도하실 때 깨어 있던 베드로, 야고보, 요한은 예수님의 입에서 새어 나오는 고통스러운 언어들을 들었을 것이다. 바울은 데살로니가와 기타 지역에 있는 신자들에게 보낸 편지에서, 데살로니가 교회의 영적 상태를 염려하는 고민스러운 심정을 내놓고 표현했다.

이런 예로 볼 때, 부정적인 감정은 성경적인 방식으로 표현할 수 있고 또 표현해야만 한다. 문제는 언제, 어떻게 표출하느냐이다. 우리는 먼저 자신과 하나님 앞에서 감정을 인정해야 한다(억압을 피한다). 그리고 언제 우리의 감정을 표현하는 것이 도덕적으로 적절한지 분별해야 한다(무분별한 표출을 피한다). 그렇다면 "우리의 감정을 누군가에게 말하기에 가장 적절한 시점은 언제인가"라는 질문이 대두된다.

격렬한 감정을 다루는 실례가 에스겔 24:15-18에 기록되어 있다. 이 구절에서 하나님은 에스겔에게 곧 그의 아내를 데려갈 것이라고 말씀하시면서 바로 이어서 명하시기를, 그의 슬픈 감정을 밖으로 드러내지 말고 "조용히 탄식"하라고 하신다.

에스겔에게 조용히 **탄식하라**고 명령하실 때, 하나님은 억압을 권하신 것이 아니다. 예언자라고 해서 아내의 죽음이 전혀 슬프지 않은 척하면 안된다. 그러나 **조용히** 탄식만 할 뿐 왜 슬픔을 밖으로 표출해서는 안되는 것일까? 아내의 장례식 때 남들 앞에서 슬퍼하는 것이 잘못된 것인가? 예수님은 나사로의 무덤 앞에서 마음껏 우셨는데, 왜 에스겔은 아내의 무덤 앞에서 울면 안된단 말인가?

주님이 우셨을 때는, 그 눈물이 그 사건에 대한 하나님의 목적에 방해가 되지 않았다. 오히려 도움이 되었다. 하지만 에스겔의 눈물은 하나님이 거역하는 백성에게 선포하시려는 메시지의 의미를 흐릴 수 있었다. 다시 말해서, 그들의 죄로 인한 심판이 너무도 막중한지라, 그에 비하면 사랑하는 아내의 죽음은 눈물 한 방울의 가치도 없다는 것이다.

여기서 우리는 다음과 같은 원칙을 도출할 수 있다. 즉, 하나님 앞에서 우리의 감정을 충분히 인정하고, 복받치는 감정을 속으로 충분히 체험해야 한다. 하지만 **감정의 표출은 하나님의 목적에 유익할 때만 해야 한다.** 이 원칙을 간단히 말하면, 다음의 원리를 따라 감정을 다루어야 한다. (1)하나님과 자신 앞에서 개인적으로 감정을 인정한다. (2)그 감정의 표현은 사역의 목적에 맞게 적절한 시기에 적절한 방법으로 해야 한다.

격한 감정을 표현하지 않으면 심리적으로 해롭다고 믿는 사람들이 있으므로 다시 한번 강조할 점이 있다. 감정이 문제가 되는 것은, **표출하지 않을 때**가 아니라 **인정하지 않을 때**다. 모든 감정을 완전히 표출해야만 억압이 치유되는 것은 아니다. 억압의 반대는 표출이 아니라 인정이다. 인정이란 감정을 의식적이고 주체적으로 체험하는 것을 말한다.

그런데 심리적 문제가 다른 식으로 발전될 수 있다. 예를 들어 어떤 사람이 자신의 감정은 인정하는데, 두려움 때문에 (하나님의 목적을 위해서가 아니라) 표현을 꺼린다고 하자. 감정을 표현했다가 괜히 본인만 더 힘들어지는 상황이 될 수도 있기 때문이다. 다음의 예를 살펴보자.

한번은 어느 교우가 내게 털어놓기를, 성경공부 모임 리더한테 너무 화가 난다고 했다. 여기에는 억압의 문제가 없다. 자신의 감정을 잘 알고 있으니까. 화난 감정에 대해 어떻게 할 것인지 내가 묻자 그가 대답했다. "뭘 어쩌겠습니까? 그 부부는 우리 부부와 친하게 지내는 사이거든요. 특히 부인들끼리 아주 친합니다. 제가 느끼는 감정을 그 리더에게 말했다가 공연히 제 아내와 그 부부 사이에 금이라도 가면, 문제가 끝이 없을 거예요. 공연히 긁어 부스럼 만들 필요는 없지 않습니까?"

이 교우는 분노를 억압하지도 표현하지도 않았다. 그는 자기 감정을 잘 알고 있었지만 드러내지 않았다. 하지만 분노를 표현하지 않은 이유는 하나님의 목적에 따르려는 마음 때문이 아니었다. 좋지 않은 결과로 자신이 힘들어질까 봐 두려웠기 때문이었다.

이 사람이 목표와 욕구를 혼동하고 있음을 주목하라. 그의 **목표**는 하나님을 기쁘시게 하고 상처를 주는 형제를 바로잡는 것이어야 하지만, 실상 진정한 목표는 골칫거리를 피하는 것이었다. 골칫거리 피하기는 **욕구**일 뿐이지 가치 있는 목표는 아니다.

성공적인 격려자라면, 앞에서 말한 사람처럼 화가 났을 때 어떻게 하겠는가? 분노를 억압해서도 안되지만, 사역은 전혀 아랑곳없이 분노를 표출해서도 안된다. 결과가 두렵다고 표현을 안 해서도 안된다. 이런 상황에서 감정을 인정하면서 목적의식을 갖고 감정을 표현하려면 네 단계가 필요하다.

첫째, 이 사람은 주님과 만나는 시간을 통해 목표와 욕구를 재정립하고 다시 한번 사역에 헌신하기로 다짐해야 한다.

둘째, 모임 리더에게 온유하게 표현할 수 있는 방법을 모색함으로, 자신의 목적은 결국 사역임을 분명히 해야 한다.

셋째, 이 문제를 아내와 의논한 뒤에—사안이 미묘하기 때문에 신경 쓰고 있다는 것을 아내한테도 알려서 안심시키고, 또 말할 시기와 방법을 의논한 뒤에—상처를 준 리더와 화해하겠다는 분명한 목적을 밝히고 자신의 감정을 표현해야 한다.

넷째, 그 리더가 화를 내며 돌아서든 온유하게 사과하든, 이 사람은 그를 위해 기도하면서 사랑과 관심을 보여줄 방법을 찾고 적극적으로 그를 용서해야 한다.

격려자는 어떻게 감정을 처리해야 하는가? 절대로 억압하지 말고 항상 하나님과 자신 앞에서 감정을 온전히 인정해야 한다. 그러려면 그 감정의 무게에 홀로 완전히 눌릴 수밖에 없다(느 1:4에 나오듯이). 그런 다음 사역의 목표를 재확인하고 다시 한번 헌신하면서, 과연 그 감정을 표현하는 것이 하나님의 목적에 도움이 될지 잘 생각해서 결정해야 한다. 편견 없이 성숙한 그리스도인의 조언을 구하는 것도 어려운 결정에는 도움이 된다. 표현하는 것이 적절하다고 판단되면 상대방에게 그 감정을 드러내라. 하지만 적절하지 않다고 판단되면 하나님을 섬기는 차원에서 감정을 표현하지 말아야 한다.

적용을 위한 정리

우리는 대부분 영적 성숙도와 상관없이 분노, 염려, 탐욕 등의 부정적인 감정을 경험한다.

격려자는 감정을 (1)억압할 수도 있고, (2)표출할 수도 있고, (3)인정하되 사역 목표에 따라 선택적으로 표현할 수도 있다.

감정을 억압하면 안 그런 척하게 되고, 성경은 이런 현실 부정을 절대 용인하지 않는다. 상대방의 유익을 생각하지 않고 감정을 표출하는 것은 이기적인 탐닉에 불과하다. 부정적인 감정을 처리하는 방법으로 억압이나 무분별한 표출은 둘

격려를 통한 영적 성장

다 비성경적이다.

격려자는 자기 감정의 무게를 충분히 느끼되, 결국은 하나님의 목적에 감정을 복종시켜야 한다.

사역을 위한 자발적인 복종이 아니라 여타의 이유로 감정을 억압하는 것은 본인에게 어려움을 초래한다. 감정은 인정하되 사역의 기준 안에서 감정을 표현하는 것이 부정적인 감정을 성경적으로 처리하는 방법이다.

2부에서는 격려가 어떻게 이루어지는지 그 과정을 살펴볼 것이다.

2부

격려의 과정

8장
격려는 어떻게 작용하는가

격려는 특별한 말이나 표현을 한 묶음 모아 놓은 것이 아니다. 격려는 말의 내용보다는 말 저변의 동기가 더 중요하다. 격려하는 말은 (1)사랑에 기인하며 (2)상대방의 두려움에까지 가닿아야 한다. 우리의 말이 진정한 격려가 되려면 이 두 조건이 충족되어야 한다. 이 조건들을 자세히 살펴보자.

> 조건 1: 격려의 말은 두려움이 아니라 사랑에 기인한다. 즉, 말하는 자신을 방어하기 위한 말이 되면 안된다.
> 조건 2: 말이 상대방에게 격려가 되려면 그의 방어막을 겨냥해서 그것을 고치려고 하면 안된다. 오히려 상대방이 감추고 있는 두려움을 해소해 주려는 마음이라야 한다.

내 방어막에서 상대방의 방어막까지만 가닿는 말은 격려가 될 수 없다(그림 1). 내 방어막에서 상대방의 두려움에까지 가닿는 말은(그림 2) 일시적이나마 격려가 될 수 있다. 예를 들면 목사가 '목사로서의 온유함'을 방어막으로 삼아, 어려움을 겪는 사람에게 통찰력과 사랑으로 말하는 경우다. 마찬가지로 사랑의 마음에서 출발해 상대방의 방어막에 가닿는 말도(그림 3) 어느 정도는 유익이 있다. 정말 사랑이 많은 사람이, 상처받고 힘들어 하는 사람에게 비록 피상적이고 현명하지 못한 조언을 한 경우도 일정 수준의 격려는 된다.

하지만 내 말이 사랑의 마음에서 출발해 상대방도 깨닫고 있는 내면의 두려움에 가닿을 때 진정한 격려가 된다(그림 4).

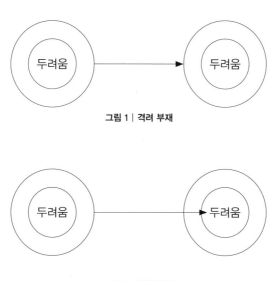

그림 1 | 격려 부재

그림 2 | 제한적 격려

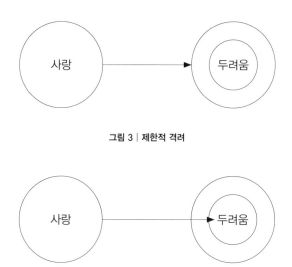

그림 3 | 제한적 격려

그림 4 | 진정한 격려

조건 1_ 사랑에 근거한 격려

선량한 시민이 끔찍한 폭행을 당하고 있는데 옆에 있던 행인들이 전혀 도와주지 않았다는 소식은 설교에 자주 등장하는 일화다. 방관자들이 보고만 있었던 결정적인 이유는 늘 뻔하지만 우리의 가슴을 찌른다. "개입하고 싶지 않았습니다. 너무 위험하니까요."

하지만 기독교는 처음부터 끝까지 개입이다. 사랑 때문에 인간의 삶에 개입한 예로 성육신보다 더 좋은 본보기는 없다. 하나님의 공의 앞에서 죄인 된 인간이 피할 수 없는 심판을 면해 주려는 분명한 목적을 가지고, 하나님은 문자 그대로 인간이 되셨다.

승천하신 구세주는 지금도 늘 성육신하시며, 그렇기에 우리의 모든 환란과 시련 가운데 우리와 관계 맺는 분이시다. 그리고 우리 역시 타인의 삶에 개입하는 인생을 살라고 부르신다. 우리는 기뻐하는 자들과 함께 기뻐하고, 우는 자들과 함께 울며, 영적이지 않은 자를 회복시키고, 자기 갈 길로 가는 자를 훈계하며, 약한 자를 강하게 붙들어 주어야 한다고 말씀하신다. 요약하자면, 사람들이 거룩을 추구하도록 말과 행동으로 격려하라는 것이다(롬 12장). 우리 마음이 움직여 다른 사람의 삶에 다가가는 동기는 오로지 사랑밖에 없다. 우리의 말은 하나님과 사람들을 향한 꾸밈없고 순수한 사랑에서 나와야 한다.

하지만 우리는 뒤로 물러선다. 범죄 현장을 겁먹고 바라만 보는 군중처럼, 개입하지 않으려 한다. 자신의 방어막 뒤로 물러나 안전거리를 유지한다. 비난, 분석, 험담, 타산, 심지어는 관심에 근거한 반응도 보이지만, 주님이 성육신을 통해 본보기가 되신 그런 식의 개입은 거의 안 한다. 다른 건 몰라도 개입은 절대로 저절로 되지 않는다. 우리를 불편하게 하는 형제와 자매는 본능적으로 귀찮아 한다. 우리 생각에 동의하지 않는 사람은 속 좁은 사람으로 보인다. 직장 동료나 방 친구의 무책임한 행동을 보면 비난부터 한다. 상대방의

격려를 통한 영적 성장

방어막을 사랑 어린 관심으로 대한다는 것은 전혀 자연스러운 행동이 아니다.

개입하지 않고 거리를 두는 행동이 왜 우리에게는 더 자연스러울까? 남의 삶에 개입하는 것이 왜 그리도 어색할까? 우리는 왜 방어막 뒤에 숨어서 관계를 맺는 경향이 있을까? 친밀한 관계에 대한 갈망을 감지하면서도(시간을 내어 자신을 살핀다면), 여전히 이런저런 방법으로 상대방과 거리를 두려고 한다. 누가 우리를 건드리면 화가 나서 마음의 벽을 쌓고, 상대방에게 화를 퍼붓거나 삐치거나 회피한다. 대화를 할 때는 민감한 부분은 피하고, 안전하고 소소한 영역만 건드리는 기법을 갈고닦는다. 왜 우리는 방어막 뒤에 숨은 채로 관계를 맺는 완고한 성향을 가지고 있을까? 이 문제를 진단하고 치유하지 않으면 진정한 격려의 사역을 할 수 없다.

얼마 전에 나는 친한 친구의 문제로 큰 근심에 싸인 적이 있었다. 교제 시간에 그 친구가 다른 사람들과 교제하는 모습을 지켜보면서, 그가 인생의 중요한 문제를 잘못 처리하는 것을 알게 되었다. 문제는 눈덩이처럼 불어나고 있었다. 문제를 잘못 처리하는 탓에 상황은 점점 더 어려워졌고, 그럴수록 그도 점점 그 일을 제대로 처리하지 못했다. 그가 낙심천만해 있다는 것을 한눈에 알 수 있었다. 그의 어려움은 도저히 극복하지 못할 것으로 보였다. 나는 그를 격려해 주고 싶었다. 더욱더 사랑으로 선한 일을 하도록 용기를 북돋아 주고 싶었다. 하지만 나도 뒤로 물러서고 싶은 충동이 일었다. 그 일에 대해서는 이야기하지 말고 그냥 기도만 열심히 해주자는 마음이 들었다. 왜 그랬을까?

곰곰이 생각해 보니, 그와의 편하고 유쾌한 관계를 군이 들쑤셔서 위태롭게 하고 싶지 않았던 것이다. 민감한 주제를 건드려서 그가 어떻게 나올지 모르는 불확실한 상황보다는 그저 가벼운 대화나 주고받는 편한 관계로 남고 싶었다. "잘 지내지?" 내지는 "어이구, 반갑네" 하는 정도의 인사도 약간은 격려가 될 것이라고 자위하기도 했다. 하지만 결국은, 배고픈 사람에게 단지 음식에 대해 설명만 해서는 전혀 도움이 안된다는 걸 인정해야만 했다. 특히 우리 집 냉장고에 음식이 가득할 때는 더더욱 그렇다.

내 이기적인 두려움을 확인한 나는, 그 문제에 대해 친구와 직접 이야기할 기회를 달라고 기도했다. 그리고 그 문제를 건드려 볼 기회를 엿보았다. 어느 날 그가 우울해 하며 낙심되는 말을 하자, 나는 기회다 싶어서 그 문제를 보는 내 염려스러운 마음을 말했다. 분명하게 핵심을 말했고, 내 생각에 그가 어떤 상태인지도 정확하게 표현했다. 우리의 대화에 비난이 섞이지 않고 하나님의 영이 사랑으로 충만했던 덕분에, 그 대화는 우리 둘에게 격려가 되었다. 변화되기를 바라는 그의 열린 마음에 내가 격려를 받았고, 나의 염려와 관심을 느낀 그도 격려를 받았다. 그러고 나니 왜 그 일을 그렇게 어렵게 생각했나 싶었다. 결론은 역시 내가 소중하게 누리고 있는 그와의 관계가 깨어질까 봐 두려운 마음이 장애물이었다. 내가 개입함으로 그와 불편한 긴장 관계를 초래할까 봐 두려웠던 것이다. 우리의 자아를 온통 사로잡고 있는 것이 바로 두려움이다. 물론 하나님에 대한 두려움은 제외하고 말이다.

나의 내담자 가운데 친구들 사이에서 다정하고 관대하며 유쾌하기로 명성이 자자한 사람이 있었다. 훌륭한 격려자를 추천하라면 그녀가 단연코 일순위일 터였다. 하지만 그녀에게 문제가 있었다. 그녀와 정말 친하다고 느끼는 사람이 단 한 명도 없다는 사실이었다. 누구나 그녀와 함께 있는 걸 좋아했지만, 그녀를 '가장 친한 친구'로 꼽는 사람은 아무도 없었다. 언제나 준비된 미소와 베푸는 자세가 처음에는 호감을 주지만 결국은 관계를 막았다. 그녀는 외로움과 허무감으로 심각한 우울증에 빠져 나를 찾아왔다.

안전하게 방음 장치가 된 우리 상담실에서 그녀는 자신이 어머니한테 얼마나 섭섭한지, 남편의 시간 관리에 얼마나 질투를 느끼는지, 자녀들에 대해 얼마나 걱정이 많은지, 그리고 늘 자신의 친절에만 기대는 생각 없는 친구들을 얼마나 참고 있는지 솔직히 털어놓았다. 그러고는 불안한 말투로 이렇게 말했다. "저의 이런 감정을 안다면 아무도 저를 좋아하지 않을까 봐 두려워요."

첫인상과는 달리 이 여성의 친절하고 호감이 가는 태도는 사랑에서 우러난 표현이 아니었다. 사실은 상처받지 않고 자신을 보호하려는 조작적인 방어막일 뿐이었다. 그녀의 입에서 나오는 사려 깊은 말들도 실제로는 격려의 힘이 전혀 없었다. 그 말들은 사랑의 마음이 아니라 방어막에서 나온 말이었다. 그녀는 다른 사람에게 자신을 내어 주고 기꺼이 상처받을 각오를 하는 관계를 전혀 맺지 않았다. 아무도 건널 수 없는 해자를 판 고립된 성에 꽁꽁 갇힌 채 두려움에 근거한 상냥함으로 사람들과 거리를 두고 지낸 것이다.

두려움에 근거한 말들은 전혀 격려하는 힘이 없다는 것을 명심해야 한다. 상처를 덮어 줄 수는 있지만 절대로 치유하지는 못한다. 오직 사랑만이 치유를 돕는다. 방어막에서 나온 말들은 가치가 없다. 에베소서 4:29에 나오는 전혀 소득 없는 말에 해당된다. 격려에 합당한 말을 하려면 사랑 안에서 자유롭게 우러나야 한다. 그렇다면 어떻게 우리의 동기를 두려움에서 사랑으로 전환할 수 있겠는가? 방어막이 아니라 사랑에서 우러나는 말을 하려면 어떻게 해야 하는가?

나는 다른 사람들, 특히 아내에게 거의 화를 안 내는 남자

격려를 통한 영적 성장

와 이야기를 나눈 적이 있다. 그 자신도 그런 부드러움을 잘 훈련된 덕성으로 여기고 있다가, 그렇게 화를 내지 않는 것이 사실은 관계를 깨뜨릴까 봐 두려운 마음에서 기인한 것임을 깨닫게 되었다. 이것이 문제의 핵심이다. 다른 사람과 편안한 관계를 유지하려고 신경을 쓰는 것은 지극히 당연한 일이다. 다른 사람의 삶에 진심으로 개입하려다가도 불편한 마음이 생긴다. 편하고 안전한 삶이 위협당하니 두려운 것이다.

최근에 주일 성경공부 시간에 전혀 모르는 젊은 여성 옆자리에 앉게 되었다. 공부가 시작되기 전에 그녀에게 내 소개를 하고 그녀의 이름도 물어보았다. 성경공부 중에 그녀가 기본적인 질문에 틀린 대답을 해서 좀 당황스러운 상황이 빚어졌다. 성경 교사는 잠시 멈칫하더니 그 어색한 순간을 잘 넘겨 보려고 이렇게 말했다. "네, 그렇죠. 제가 질문을 다르게 했더라면 맞는 대답인데 말입니다." 그녀는 낯을 붉히며 어색한 웃음을 짓더니 치마를 만지작거렸다. 쥐구멍에라도 숨고 싶은 심정이었으리라. 격려의 말 몇 마디가 절실한 상황이었다. 내가 그녀에게 몇 마디 건넬 작정이었다.

그런데 수업이 끝나갈 무렵, 내 속에서 강한 저항감이 느껴졌다. 나는 마음속으로 이렇게 말했다. "다른 친구들한테 인사나 하자. 저 분은 이제 괜찮을 거야. 이젠 당황한 빛도 없는 걸. 틀린 답을 말했던 것은 벌써 잊어버렸을지도 몰라. 아니, 최소한 잊고 싶을 거야. 괜히 다시 말을 걸어서 상황을 악화시킬 필요는 없잖아. 동정을 바라는 사람은 아무도 없어. 그리고 성경 교사한테 꼭 질문하고 싶었던 것도 있었잖아. 그거나 빨리 물어보자구."

격려의 말이 절실히 필요한 그 여성에게 누구보다도 그 말을 해줄 수 있는 나 같은 사람조차—상처받은 사람에게 말을 걸어 주는 일로 밥벌이를 하는 사람조차—그러지 못하게 막는 것은 무엇일까? 바로 두려움이다. 심각한 수준의 거절감은 아니라 할지라도, 몇 분이나마 불편한 시간을 견뎌야 한다는 모종의 두려움 말이다. 그보다는 성경 교사와 성경 해석에 관해 몇 마디 말을 나누는 것이 훨씬 안전하다.

두려움의 원인이 심각한 거절감이든 약간의 불편함이든 간에, 최종 해결책은 마찬가지다. **남에게 상처 줄 각오를 해야 하고**(심하게든 약하게든), **상실의 고통도 각오해야 한다**(모든 걸 잃든 잠시 불편한 순간을 견디든). 내가 두려워하는 것이 무엇인지를 인정하고 어떤 일이 생기든 견딜 각오를 할 때, 그 두려움은 힘을 잃을 것이다(요일 4:18). 그리스도의 완전한 사랑은 내가 두려움을 직면하는 데 필요한 것들을 공급하신다. 그리스도 안에서 내가 누리는 관계는 절대로 없어지지 않으며, 아무리 다른 관계에서 실패해도 그 관계는 나를 충분히 지탱해 준다. 내가 다른 사람의 삶에 개입하기로 작정하고 그 팽팽한 줄타기를 감행할 때, 줄 아래에는 절대로 찢어지지 않는 안전망이 마련되어 있다.

하나님께 순종하기 위해 인간적인 관계를(사람들의 용납, 인정, 사랑 등을) 모두 잃을 수밖에 없지만 그럼에도 불구하고 순종하기로 결심할 때, 나를 옭아매는 두려움에서 자유로워진다. 그리고 관계가 깨어질지도 모른다는 두려움에서 자유로울 때만, 나의 동기도 사랑에 성큼 다가선다. 주일 성경공부 시간에 내가 잘 모르는 사람이 당황할 때, 또는 친한 친구가 문제를 잘못 처리하고 있을 때, 내 말이 사랑에 근거했다면 격려하는 힘을 발휘할 것이다. 이 역설을 주목하라. **상대방을 사랑하려면 그 사람과의 관계가 깨어질 각오를 해야 한다.** 하나님 외의 누군가에게, 또는 무엇에 매달리는 것은 결국 다 우상숭배. 우상숭배의 뿌리는 잘못된 신에 대한 두려움이다.

이 고매한 생각을 어떻게 실제로 이행하느냐는 그리 복잡하지 않다. 내가 성경공부 시간에 당황한 그 여성에게 말을 건네는 문제에 있어서, 우선 내 생각을 확실하게 붙들고 다스려야 한다. "그래, 내가 그녀에게 접근하는 게 약간 어색할 수도 있겠지. 어쩌면 그녀는 격하게 응수하고 휑하니 나가버릴지도 몰라. 그러니 이런 상황은 피하는 게 더 편하긴 해. 하지만 이 상황에서 내 목적은 편안함이 아니라 하나님의 뜻

이야. 나는 정말 하나님의 축복의 도구가 되고 싶어. 그녀에게 격려의 말을 건네는 것은 하나님께 순종하는 것이며 그녀에게도 유익이겠지만, 또한 나와 하나님과의 관계를 더 깊게 해줄 거야. 그렇다면 치러야 할 대가가 무엇이든 이건 가치 있는 일이야. 일단 해보자. 두렵든 말든 내가 그녀를 어떻게 격려할 수 있을지 한번 보자구. 그녀도 잘 받아들일 것 같아." 상대방에게 큰 힘이 되는 말은 두려움이 아니라 사랑에 근거한 말이다.

조건 2_ 두려움에 가닿는 격려

말이 격려가 되려면 사랑에서 우러나야 한다. 이것이 첫 번째 조건이다. 이와 동일하게 중요한 두 번째 조건은 그 말의 방향이 상대방의 두려움을 향해야 한다는 것이다. 나의 사랑에서 상대방의 두려움으로. 이것이 공식이다. 꾸짖음, 권유, 제안, 훈계, 또는 공감의 말은 모두 이 두 조건을 만족시켜야 하나님의 목적을 이루기에 합당한 격려의 말이 될 수 있다.

　나의 말이 상대방의 두려움에 가닿아야 한다는 원칙은, 말은 쉽지만 오해의 소지가 많은 개념이다. 많은 사람들이 다음과 같은 논리를 편다. "상대방을 부추기는 따스한 말로 격려하는 것은 핵심에서 빗나간 것이다. 그것은 문제를 제대로 다루지 못하고 죄를 너무 나약하게 보는 시각이야. 자고로 사람은 인정보다 훈계가 더 필요하거든. 그래야 옛 사람을 벗어버리고 새 사람을 입지."

'행정관' 같은 성격의(친한 친구가 거의 없는) 사람들은 다른 사람들에게 무자비하게 책임을 추궁한다. 그들은 가능한 온갖 압박 기제를 동원해서 사람들에게 헌신, 복음 증거, 교회 출석, 십일조를 강요한다. 기질에 따라 어떤 사람은 그런 압박에 순응하면서 무난히 영적으로 성장하는 것처럼 보인다. 반면에 저항하는 사람들도 있다. 두 경우 다 하나님의 마음에 가까워진 것은 아니다.

기독교 내에서 여전히 인기 있는 자기애self-love 추종자들에게 가장 중요한 가르침은 "먼저 자신을 사랑하는 법을 배워야 한다"는 것인데, 이런 사람들은 혹독한 훈계를 주장하는 사람들에게 맞서 반대의 극단으로 치닫는다. "우리는 따스한 마음으로 무조건적인 보살핌을 받아야 한다. 훈계, 징계, 헌신에 대한 압박은 영적 성장에 전혀 도움이 안된다. 사람이 성장하려면 사랑 안에서 서로 용납하는 분위기를 조성해야 한다. 성숙은 사랑이라는 환경에서만 일어난다."

이런 사람들은 인본주의를 채택할 위험성이 높다. 인본주의는 본질적으로 인간의 선함을 인정하는 비성경적인 철학으로, 사회가 억압적인 법 제도와 강제력으로 개인의 선함이 표출되는 것을 방해할 때 문제가 생긴다고 주장한다. 그리스도인은 인류의 죄가 얼마나 엄청난 결과를 초래했는지 직시하고, 이런 사상과 결별해야 한다. 사람에게는 저절로 하나님의 성품을 따라 살아지는 성향이 전혀 없다. 이것이 진리다. 인간이 의의 길에서 벗어나는 것은 해가 뜨고 지는 것처럼 당연하다.

성령이 주시는 영적 갱생으로 우리는 새로운 동기와 목표를 갖게 되지만, 그래도 죄성은 여전히 남아 있다. 따라서 우리에게는 훈계, 꾸짖음, 징계가 필요하다. 성경에는 그런 말들이 가득하다. 아모스 예언자는 그 시대의 이스라엘 백성들이 사랑이라는 환경만 조성되었으면 사랑과 선행을 활짝 꽃피웠을 사람들이라는 말에 경멸을 표할 것이다. 성경은 우리에게 사랑과 선행을 서로 "격려하라"고 한다(히 10:24). 사람들이 거룩한 삶을 살게 되기까지 수동적으로 그들을 용납해주는 것은 성경이 말하는 격려가 아니다.

따라서 진정한 격려는 강력한 권고만도, 따스한 용납만도 아니다. 둘 다 격려에 포함은 되겠지만, 격려의 핵심은 아니다. 격려는 격려하는 사람의 동기가 사랑에 근거해야 하고, 상대의 필요를 정확히 분별하는 지혜가 있어야 한다. 실제로 격려는 다양한 형태를 띨 수 있다. 경고, 꾸짖음, 교정, 비난, 가르침, 설명, 공감, 반성, 인정 또는 자신을 노출하는 말일 수도 있다. 말하는 동기가 사랑이고 방향이 상대방의 두려움을 향할 때, 격려의 말이 될 것이다.

이단적인 내용의 기도를 더듬거린 젊은이에게 그 경건한 장로님이 말을 걸었을 때, 그의 말은 사랑 어린 관심에서 나왔고, 그 젊은이의 불안한 확신을 잘 인식하고 있었다. 따라서 그의 말은 격려가 되었다.

성경공부반에서 남들한테 우습게 보일까 봐 당황하던 그 여성의 두려움을 내가 직시했기에, 나의 몇 마디 말이 그녀에게 격려가 되었다.

여기서 주목할 점이 있다. 두려움을 향한 말이라고 해서, 그 두려움을 굳이 말로 표현할 필요는 없다. 하지만 그 말 속에는 늘 상대방의 두려움을 잘 인식하고 있음이 드러나야 한다. 우리가 말끝마다 상대방의 두려움에 대해 언급해야 한다는 주장이 **아니다**. 다만 격려하는 말 속에는 늘 상대방의 필요와 두려움을 **잘 인식하고 있음이 드러나야 한다는 것이다**. 격려자들이 일상에서 마주치는 사람들은 하나님의 은혜가 아니면 온통 짓눌릴 수밖에 없는 인생의 문제를 안고 산다는 사실을 늘 기억하라. 이 사실을 의식적으로 기억하고 있으면, 사소한 대화에서도 격려하는 힘을 발휘할 수 있다.

어떤 사람이 당신에게 다가와 "안녕하세요?"라고 인사를 하면, 당신도 가볍게 "네, 안녕하세요?"라고 대답할 것이다. 이 악의 없고 유쾌한 짧은 인사는 금방 잊혀진다. 이 일은 더 이상 큰 의미가 없다. 마치 은행에 가서 돈을 입금하면 은행원이 "저희 은행을 찾아 주셔서 감사합니다"라고 말하는 형식적인 인사처럼 말이다. 그런데 어떤 사람이 당신에게 그렇게 똑같은 인사를 할 때 당신 쪽에서 "네, 안녕하세요?"라는 맞인사를 좀 더 깊은 차원에서 응수하는 경우가 있다. 당신의 인사에 무언가 간절함이 배어 있음을 느낀다. 그 순간은 무언가 의미 있는 순간이다. 그렇게 인사를 하고 나오는 당신의 발걸음은 왠지 경쾌하고 마음도 뿌듯하다.

똑같은 인사말을 똑같이 주고받았는데도, 어떤 경우는 평이하고 무미건조한 반면, 어떤 경우는 생기가 돌고 마음이 따스해진다. 그 차이가 무엇일까? 해답은 단순하면서도 심오하다. 첫 번째 인사는 방어막에서 방어막으로 전달된 인사다. 자기 본위에서 나와 상대의 겉사람만 건드리고 간 것이다. 반면에 두 번째 인사는 사랑에서 나와 두려움에 가닿은 말이다. 섬기는 마음에서 출발해 상대방의 소중함과 상대방에게 무언가 어려움이 있음을 감지한 인사다.

격려의 사역을 하려면 격려자는 사람들의 내면에 어떤 일이 일어나고 있는지를 잘 이해하고, 상대방을 소중히 여기는 순전한 관심이 드러나도록 말해야 한다. 모든 문제에는 해결책이 있으며, 영원이라는 관점에서 볼 때 인생은 살 만한 가치가 있다는 소망을 심어 주는 것, 그것이 바로 격려의 영향력이

격려를 통한 영적 성장

다. 그 소망이 사람들을 움직여 피곤과 유혹에도 불구하고 더 큰 사랑과 더 많은 선행에 힘쓰도록 하고, 거룩한 삶을 살며 견디게 해준다. **격려는 완전히 습득할 수 있는 기술이 아니다. 격려는 사람에 대한 민감함이며 하나님에 대한 확신이다. 꾸준히 가꾸고 실천해야 하는 것이다.** 이 점이 중요하다.

두려움에 초점을 맞춘 말은 격려가 된다. 하지만 방어막에 초점을 맞춘 말은 압박감을 준다. 상대방이 나의 갈등을 이해하고 있다고, 또는 최소한 이해하려 노력하고 있다고 말할 때, 그리고 그의 말 속에서 내 감정의 현주소가 묻어 나올 때, 나는 상대방에게 노출된다. 내가 두려워하는 것이 바로 이 노출이다. 그리고 이 노출에서 나를 보호하려고 마련한 것이 방어막이다. 하지만 내가 분별력 있는 친구 앞에 발가벗은 채로 설 때, 그리고 나를 소중한 존재로 여기는 그의 말을 들을 때, 나는 마음 깊이 격려를 받는다. 내 모습 그대로 드러났지만 여전히 소망이 있기 때문이다. 마치 의사가 내 엑스레이 사진을 살피며 나의 현 상태를 점검하더니, 이내 빙그레 미소를 짓는 것과 같다고 할까. 어쩌면 수술이 필요할지도 모르고 힘든 회복기를 견뎌야 할지도 모르지만, 어쨌든 나는 살 것이다.

당연한 말이지만, 격려의 완벽한 예를 우리는 예수님과의 관계에서 찾을 수 있다. 주 예수님은 우리를 죄인으로 선언

하시고 우리의 모든 불결함을 드러내신다. 진단 결과는 우리가 두려워했던 것보다 훨씬 더 심각하다. "내 속 곧 내 육신에 선한 것이 거하지 아니하는 줄을 아노니"(롬 7:18). 우리는 주님의 임재 앞에 움츠러들고, 화났을 주님의 얼굴이 두려워 쳐다보지도 못한다. 그처럼 우리에게 마땅한 판결, 곧 주님의 거절을 기다리고 있을 때, 우리 귀에 달콤한 말이 들려온다. 전혀 예상치 못한 말이라서 너무 놀라 눈만 껌뻑거린다. 다시 또 그 말에 귀 기울여 본다. 그리고 감히 고개를 든다. 주님의 따스하고 사랑 어린 미소가 눈에 들어온다. 주님의 말씀이 다시 들려온다. 이번에는 놀라는 우리를 보고 웃음 짓는 목소리로 말씀하신다. "나는 너를 정죄하지 않는다. 너를 용서한다. 나는 너를 사랑한다. 그리고 나의 용납과 사랑의 좋은 소식을 퍼뜨리는 영원한 계획에 네가 동참해 주기를 바란다." 나는 영원히 주님의 격려를 받는다. 주님은 자신의 사랑에서 출발해 나의 두려움에 와 닿는 말씀을 하신 것이다.

하나님의 완전한 사랑은 모든 두려움을 내쫓는다. 우리의 불완전한 사랑은—개선의 여지는 있지만 여전히 빈약하고, 그분의 사랑을 희미하게 닮은 사랑은—두려움을 완화시킬 수 있다. 사람은 자신의 두려움이 분별력 있게 노출되고 사랑 안에서 완화될 때 격려를 받는다. 격려의 사역이란 사랑에 의거해서 상대방의 두려움에 가닿는 말을 하는 것이다.

적용을 위한 정리

격려의 말은 말하는 동기가 사랑이고 듣는 사람의 두려움에 가닿는다.

말하는 사람의 동기가 두려움에서 시작되어(즉 방어막에서 나와) 듣는 사람의 방어기제(또는 방어막)에 가닿는 말은 압박감을 유발한다. 그런 말은 격려가 되지 않는다.

사랑에 근거하여 격려의 말을 하려면 상대방과의 관계가 깨어질지도 모른다는 두려움을 견뎌야 한다. 모두가 나를 버릴지라도 그리스도는 버리지 않으신다는 확신 속에서 말이다.

격려자들은 오로지 그리스도와의 관계만 의지하면서, 사람은 소중하고 두려움 많은 존재임을 늘 의식해야 한다. 그들의 말 속에 이런 의식이 깃들 때, 그 말은 상대방에게 격려가 될 것이다.

9장
격려
_ 변화를 위한 환경

얼마 전에 기독 상담가들과 중요한 질문에 관해 토의를 했다. "과연 사람을 변화시키는 것은 무엇인가?"라는 논제였다. 참석자들은 모두 헌신된 복음주의자들로, 우리의 생각은 반드시 성경에 근거해야 한다고 믿는 사람들이었다. 결국 사람을 변화시키는 데 없어서는 안될 최종적인 조건은 성령이라는 데 의견이 모아졌다. 성령의 역사 없이는 온전한 거룩함으로 나아갈 수 없다는 것이다.

그러나 우리의 관심은 이 핵심적인 합의에 그치지 않았다. "그렇다면 우리는 상담가로서 사람들에게 진정으로 영향을 끼칠 수 있는 그 무엇을 가지고 있는가?"라는 질문이 대두되었다. 상담가가 사람들에게 정말 도움이 되려면 그들에게 무엇을 주어야 하는가? 인성에 대한 통찰력? 전문적인 대

격려를 통한 영적 성장

화법? 공감과 포용으로 대화할 수 있는 능력? 설득력? 심리적 문제에 대한 인식력? 또는 성공적인 삶의 비결들? 치과 의사는 망가진 치아를 살려 내는 기술이 있는데, 과연 상담가에게는 무엇이 있는가?

이 질문에 대한 반응은 두 가지로 나누어졌다. 한 그룹은 상담의 핵심 요소를 상담가와 내담자 간의 **관계**로 보았다. 공감과 이해와 분별력 있는 상호 관계 속에서 진정한 관심을 표현할 때 기독 상담가가 추구하는 변화를 볼 수 있을 것이라는 의견이었다.

다른 그룹은 얼핏 보기에는 강조점만 다를 뿐 이와 비슷해 보이지만, 사실은 근본적으로 다른 견해를 피력했다. 이들의 견해에 따르면, 성공적인 변화는 관계를 통해서가 아니라 **분명하고 권위 있게 제시된 진리**를 통해서라는 것이었다. 상담가가 할 일은 내담자의 생각이나 행동 속에서 어긋난 부분을 찾아내어 알려 주고 내담자의 반응을—순종이든 저항이든—촉구하는 것이라고 했다.

나는 두 견해 모두 만족스럽지 못했다. 이 둘 사이의 어느 지점에 적절한 보완책이 있지 않을까 하는 생각이 들었다. 사랑과 용납을 강조하는 첫 번째 견해에 동의할 만한 성경 구절은 얼마든지 알고 있었고, 진리에 순종할 것을 강조하는 두 번째 견해에 맞는 성경 구절도 얼마든지 있었다. 이 문제를 꾸준히 숙고하던 중에, 어쩌면 **관계 속에서 진리를 제시할** 때 변화가 일어날지도 모른다는 생각이 들었다. 마음 깊이 우러난 관심이 변화를 일으키는 **환경**인지도 모른다는 생각이었다. 상대방이 방어적인 태도 없이 하나님의 진리를 들을 수 있는 환경, 그럴 때 진리가 내담자의 마음을 더 깊이 파고들 수 있을 것이다.

관계와 진리. 이 둘은 바늘과 실처럼 함께 간다. 어느 한쪽이 없으면 다른 쪽도 의미가 없다. 진리에는 별 관심 없이 관계에만 초점을 맞추면 방향 없는 관계가 된다. 상담가의 따스한 마음을 느끼면 내담자의 기분이 좀 나아질지는 모르겠지만 문제가 희석될 수도 있다. 하지만 그런 발전이 정말 그리스도인의 성숙으로 나아가는 것인지는 정확히 규명하기 어렵다.

반면에 사람은 누구나 관계에 굶주려 있다는 사실을 분별력 있게 잘 인식하지 않은 채 진리만 제시할 경우, 사람을 율법 상자에 우겨 넣는 격이 될 수 있다. 행동은 바뀔지 모르지만 내면은 그리스도의 자유와 사랑을 경험하지 못한 채, 순응해야 한다는 압박감만 느낄 것이다. 진리 없는 관계가 얄팍한 감상주의로 흐른다면, 관계 없는 진리는 압박감과 마찰을 초래하고 결국은 환멸이나 교만으로 치닫는다.

우리에게는 관계와 진리가 모두 필요하다. 상담실에서도

이 둘이 다 필요하다. 가정과 교회에서도 마찬가지다. 사람들이 진정한 거룩함으로 나아가도록 밀어 주려면 관계의 맥락에서 진리를 제시하는 전략이 중요하다. 관계는 속 깊은 두려움을 완화시켜 방어막을 뚫고 들어감으로써, 사람들이 진리에 마음을 열게 해준다. 그럴 때 성경적인 개념과 원칙이 인격의 중추신경에 도달할 수 있다. 두려움을 없애고 확신과 회개, 사랑이시고 거룩하신 하나님에 대한 믿음을 심어 줄 수 있다.

교사의 역할이 진리를 명확하게 제시하는 것이라면, 몸된 교회가 할 일은 격려의 사역을 통해 관계를 세우는 것이다. 전혀 격려받지 못하고 있는 사람에게 교사가 변화를 강요하는 경우가 너무도 많다. 그래도 변화될 수는 있지만, 그런 변화는 피상적이다. 교회 모임에 정기적으로 참석하고, 새벽 기도회에 열심히 나오고, 자기 신앙을 다른 사람에게 나누는 법도 배운다. 하지만 무언가가 빠져 있다. 영광의 하나님을 꽉 껴안는 흥분감이 거의 없다. 교회에서 별로 격려받지 못한 그리스도인에게 진리만 제시해서는 성경적인 기독교를 조성하기 어렵다.

하지만 교회가 '서로를 격려하는 만족스러운 관계 속에서 하나님의 사랑을 살아내는 삶'에만 치우쳐 말씀 가르치기를 강조하지 않는 것도 별반 나을 게 없다. 먼저 진리를 **알아야**

진리를 **체험하는** 법이다. 계시된 성경의 진리를 깊고 풍부하게 충분히 알지 못한 채 부분만 강조하면, 든든하고 성숙한 그리스도인의 성품을 다질 수가 없다. 겉보기에는 영적 성숙인 것 같지만 그저 감정적인 흥분에 불과해서 시험이 닥치면 그대로 무너진다.

진리와 관계를 모두 얻으려면 교회 안에서 서로 격려하고 두려움을 없애 주는 관계를 누리고, 그런 분위기에서 진리가 제시되는 교회를 꿈꾸어야 한다. 지역 교회에서 격려가 일어날 때 그 효과가 어떨지 상상해 보라. **격려 없는 회중과 격려 받는 회중**에게 진리가 제시될 때—강단에서든 성경공부 모임에서든 혹은 특별한 컨퍼런스나 세미나에서든—그 효과가 얼마나 다르겠는가?

격려 없는 회중에게 진리가 제시될 때

"목사님 설교가 더 실제적이면 좋겠어." 주일예배가 끝나고 교회 주차장에서 가끔 들을 수 있는 불평이다. "목사님은 나한테 전혀 도움이 안되는 주제만 설교하신다니까. 도대체 우리 평범한 사람들의 생활이 어떤지 아시나 몰라." 그런 불평이 목사의 귀에 들어가면 목사는 좀 더 적절한 설교를 하려고 애쓰고, 회중은 그 설교를 좀 더 견뎌야 한다.

"적절하다"는 평을 듣는 설교는 하나님보다 사람에 대해 더 많이 말하는 경우가 많다. 딱딱한 강해보다는 재미난 일화들이 많고, 영적인 능력보다는 달변이 더 힘을 발휘한다. 사람들에게 가까이 다가가려다 보니 성경의 숨은 보화를 캐내는 강력한 설교가 희생된다. 설교 준비도 "하나님이 무엇을 말씀하시는가"보다는 "사람들이 무엇을 필요로 하는가"에 초점을 맞춘다. 그리하여 목사는 사람들이 듣고 싶은 것만 말하게 되는 벼랑 끝까지 가게 된다.

방어막 뒤에 숨어 설교를 듣는 사람들은 진리가 그들을 움직이지 못한다. 그들이 교회에 출석하는 목적은 그리스도인으로 성장하기 위해서가 아니라 편안한 삶을 보장받고 싶어서다. 알래스카에 가려는 사람에게 플로리다 지도가 부적절하듯이, 그런 목적을 가진 사람에게는 성경의 진리가 전혀 적절하지 않다. 방어막을 지닌 사람은 어느 정도 자기 편리에 치우쳐 있다. 그렇게 살기 위해서는 성경의 진리에 비추어 자신을 검토하는 일을 면밀히 피해야 한다. 그래서 성경적인 설교에 부딪치면 불평이 나온다. "저런 설교는 나한테 도움이 안돼"라고.

그런 불평을 들은 목사는 결국 강해 설교로는 사람을 변화시킬 수 없다는 결론을 내린다. 진지한 성경공부를 강조하니까 교회 출석률이 떨어진다. 그러면 목사는 자신이 생명을 주는 진리를 전하기보다 사람들 머리에 지식만 채워 주고 있다고 잘못 생각한다. 그래서 설교 방식을 바꾼다. 하지만 문제는 설교가 아닐지도 모른다. 듣는 쪽에 문제가 있을 수도 있다. 진짜 문제는 어쩌면 회중들 대다수가 격려받지 못하고 있고, 방어막 뒤에 안전하게 숨어서 진리를 막고 있는 현실인지도 모른다.

설교가 "부적절하다"는 비난이 쏟아진다고 해서 성경적인 설교 대신 '사람들의 필요에 부응하는' 설교를 하는 것은 도움이 안된다. 설교가 성경적이라면 그것은 **당연히** 적절하다. 하지만 성경적인 설교인데도 **마치** 부적절한 듯이 여겨진다면, 아마 회중이 방어막 뒤에 숨어서 설교를 듣기 때문일 것이다.

더 역동적인 설교를 하겠다고 성경적인 가르침을 포기한 목사가 있다면 재고하기 바란다. 목사가 성경 구절만 읽어놓고 설교는 본문과 상관없는 신나는 이야기만 펼친다면, 목사로서의 소명을 완수하지 못한 것이다. 그런 목사들은 성경적인 가르침으로 돌아가는 동시에 성도들을 면밀히 살펴야 한다. 그들을 과연 격려하고 있는가? 성도들도 그것을 알고 있는가? 성도들이 서로 적극적으로 격려하고 있는가?

설교가 부적절하다고 불평하는 사람들은 그들의 동기를 조작적인 자기 보호에서 그리스도를 높이는 사역으로 바꾸도록 도와야 한다. 이런 변화는 격려로 일어날 수 있다. 격려

격려를 통한 영적 성장

의 사역이 없으면 사람들은 늘 방어막 뒤에서 설교를 듣고, 진리는 제대로 능력을 발휘하지 못할 것이다.

격려받지 못한 사람이 하나님의 진리를 듣고 나타내는 반응은 두 가지다. 성경의 진리가 그의 방어막에 맞고 튕겨 나오거나, 그의 두려움을 한층 강화시켜 방어막을 더 두껍게 만든다. 빅과 랄프가 이 두 경우에 해당된다.

빅은 잘 나가는 직장인으로, 말하자면 골프 회원권에 호텔 식당만 드나드는, 어떤 공적 석상에서건 친근하고 편안한 그런 사람이었다. 그는 중산층 가정에서 자랐고, 그의 아버지는 부의 축적과는 담을 쌓고 궁색하게 살았다. 부모님은 돈 문제로 자주 다투었고, 원만하지 못한 관계를 참고 살았다. 빅은 어머니가 늘 돈에 쪼들려 불평하는 소리를 들었다고 한다.

하지만 빅도 압박감을 느끼고 있다. 겉으로는 당당해 보이지만 속에는 깊은 두려움이 도사리고 있다. "나는 아버지보다 성공해야 돼. 안 그러면 아버지보다 더 불행해질 거야"라는 두려움. "먼저 자신의 왕국을 구축해야 한다"는 외골수 열정 덕분에 그는 어지간한 수입을 올리며 좋은 동네에 근사한 집을 샀고, 멋진 차도 두 대나 굴리며 골프장 회원권까지 갖게 되었다. 그리고 가끔은 저녁 식사 전에 칵테일을 마시며, 중산층 기독교에서 벗어나 풍요로운 성공을 이룬 행복한 인생에 축배를 들었다.

빅은 자칭 그리스도인이었으므로, 그의 성공 패키지 속에는 교회 출석, 식사 기도, 그리고 가끔 드리는 가정예배가 포함되어 있었다. 하지만 이것들은 그의 부족감을 감추고 가시적인 성공으로 만족하려는 데 지나지 않았다. 두려움이 큰 만큼 방어막도 두꺼웠다.

교회에 다니는 사람들 대부분이 빅과 같다. 그는 사귀면 유쾌한 사람이다. 하지만 그를 **진정으로** 아는 사람은 아무도 없다. 그가 진짜 어떤 사람인지 알 수 있을 만큼 가까이 다가간 사람이 없다. 그의 두려움은 적당한 거리를 두고 감추어져 있어서 아무도, 심지어는 그 자신도 자기 삶의 목적이 자신을 증명하고 두려움을 해소하는 데 있음을 몰랐다.

아무도 그를 이해하지 못하므로, 아무도 그를 진정으로 격려하지 못한다. 두려움이 끊임없이 그의 삶을 장악하고 있으므로 그의 방어막은 든든히 자리를 잡고, 아무것도 그의 안전감을 뚫고 들어올 틈새가 없다. 빅은 자신의 영적 가난함을 보지 못한다.

호세아 예언자는 당시 유대인들이 배교자가 되어 버린 현상을 이와 비슷하게 표현했다. "이방인들이 그 힘을 삼켰으나 알지 못하고 백발이 무성할지라도 알지 못하는도다"(호 7:9). 도덕적 노쇠함의 징조가 분명한데도 백성들은 자신들이 영적으로 상당히 건강하다고 착각했다. 도덕적 타락의 징후가 분명한데도 때로 그 영향을 직접 받는 당사자들은 그것을 깨닫지 못한다는 점을 호세아 예언자는 말하고 있다.

이 비유의 요점은, 시대의 분명한 징조를 알아채지 못하는 것이 당연한 것은 아니라는 말이다. 몇 년 만에 친구를 우연히 만나면 가끔 듣는 소리가 있다. "자네, 살이 좀 찐 것 같은데?" 내지는 "자네 흰머리가 많이 늘었군." 그들은 내가 그런 사실을 모른다고 생각하는 것일까? 나도 때로는 복수의 한 마디를 날리고 싶어진다. "자네도 통통해졌는데 뭘 그래? 그리고 전보다 주름도 훨씬 더 많아졌고." 하지만 그들도 알고 있는 기정 사실에 무엇을 덧붙이겠는가. 사실은 그들도 나에게 덧붙인 것이 없는데. 육체적으로 시들어가는 징후는 너무도 확연히 보인다.

하지만 사람은 자신을 솔직하게 들여다보기를 두려워한다. 도덕적 타락의 징후, 방어막 뒤에 도사리고 있는 탐욕, 두려움, 교만을 들여다보기를 두려워한다. 우리는 대부분 자신의 안전지대를 찾아냈고, 그것이 흐트러지는 것을 원하지 않는다. 교회 성가대나 당회에서 봉사하는 사람 중에도 빅과 같은 사람이 많을 것이다. 그들은 성경의 진리가 아무리 정확하게 제시되어도 깨닫지 못하는 소경이다. 진리를 직면하는 상황을 하도 오랫동안 거부하다 보니, 이제는 부정하는 장치가 자동으로 돌아간다. 빅은 일말의 가책도 없이 설교를 끝까지 잘 듣는다. 충족감도 느낀다. 그리고 그 충족감은 설교를 들을 때마다 선택적으로 진리를 무시함으로 더욱 강해진다.

랄프는 빅과 다르다. 그는 보기에도 불안정하다. 말단 사무직원인 그는 특별한 재능이 없고, 역시 별 재능이 없는 여자와 결혼을 해서, 중간 성적에 운동 신경도 둔한 평범한 자녀를 두었다. 여가 시간은 대부분 TV를 시청하거나 소일거리를 하면서 보낸다. 그는 자신이 무익하고 중요하지 않은 존재일 것이라는 두려움을 숨겨 줄 방어막이 될 만한 좋은 것들을 축복으로 받지 못했다. 빅과는 달리 그의 방어막은 충족감이 그리 오래가지 못한다. 따라서 그의 최선의 방책은 깊이 반추하지 않는 생활과 TV 시청으로 고통을 무마하는 것이다.

랄프가 새 가족반 성경공부 모임에 참석했을 때, 반가워하는 사람은 아무도 없었다. 빅이 사람들과 악수를 나누며 대화에 한창일 때, 랄프는 계속 커피를 저으면서 소외감을 들키지 않으려고 애썼다. 무릇 그리스도인은 하나님을 향한 마음이 뜨거워야 한다는 목사님의 설교를 들으면서 랄프는 어깨만 한 번 으쓱했을 뿐, 마음 가득 공허감이 몰려왔다. 그는 열여섯 살 때 청소년 집회에서 예수님을 영접했지만, 강

격려를 통한 영적 성장

단 앞으로 나가면서 기대했던 그리스도 안에서의 풍성함 같은 것은 전혀 경험하지 못했다. 그리고 그가 어떻게 행동하고 느껴야 하는지를 지금 다시 반복해서 설교를 들으면서, 억지로 다시 한번 결심했다. 성경을 좀 더 열심히 읽고 가정에서도 영적인 리더십을 발휘하겠노라고.

줄기찬 부담감 때문에 나아지려고 노력도 했다. 하지만 이미 수십 번 그랬듯이 별반 열매가 없었다. 왠지 제대로 안된다. 그는 '무익한' 사람이며 이 냉혹한 사실을 바꿔 줄 것은 아무것도 없다. 어쩌면 그는 좀 더 인내하면서, 계속 열심히 하다 보면 무언가 열매가 있을 것이라고 기대할지도 모른다. 하지만 결국은 포기한다. 변화를 가져올 효과적인 계획은 제공해 주지 않고 그의 영적 무감각만 나무라고 지적하는 억압적인 체계에 저항한다.

그는 술을 더 자주 마시고 가끔 성인용 책방도 들른다. 잘못된 행동이라는 건 알지만 최소한 위안은 준다. 교회가 전혀 주지 못하던 활기를 느낀다. 교회 출석이 뜸해지고 부부 싸움이 잦아진다. 아내의 염려가 시작된다. 그녀가 성경공부 모임 리더에게 염려를 털어놓자 리더는 이렇게 대답한다. "교회가 뭔가 힘이 되어 주어야 할 텐데 말이에요. 그렇게 하나님의 길로 가고 싶어 하지 않는 사람들이 꼭 있더라구요. 기도해야지 어쩌겠어요." 그리고 교회는 그를 잊어버린다.

빅과 랄프는 그런대로 성공적인 방어막을 치고 사는 사람들의 양극을 보여주는 예다. 방어막이 든든할수록 진리는 충족감을 자아내고, 방어막이 빈약할수록 진리는 절망과 거역을 유발한다. 격려 없는 회중은 보통 맹목적인 충족감에 빠지거나—영적인 것으로 착각하면서—또는 냉담해진다.

격려받는 회중에게 진리가 제시될 때

격려에는 강력한 잠재력이 있다. 어떤 사람이 빅과 랄프와 피상적이 아닌 의미 있는 관계에 시간을 투자하기로 결심할 경우 이들의 삶이 얼마나 달라질지 생각해 보자.

어떤 분별력 있는 신자가 빅이 방어막에 싸여 있음을 감지한다. 그는 그리스도와 몸된 교회에 대한 헌신의 일환으로 빅에게 사역하기로 결심한다. 진정한 사랑을 통해 둘 사이에 관계가 형성되고, 이 격려자는 빅을 변화시키기 전에 그의 두려움부터 완화시켜야 함을 깨닫는다. 그래서 성급하게 빅의 영적인 미숙함과 잘못된 우선순위를 지적하지 않는다.

관계가 깊어짐에 따라 빅은 자기 이야기를 더 많이 하고, 그 이야기들을 통해서 분별력 있는 이 격려자는 빙산처럼 감추어져 있는 빅의 두려움을 엿보게 된다. 그리고 그 두려움을 말로 표현해 준다. "빅, 돈 버는 것도 중요하고 잘사는 모습을 남들에게 보여주는 것도 형제한테는 중요한 일이겠지요. 하지만 형제는 돈이 없더라도 여전히 소중한 사람이라는 걸 알고 있는지 궁금하네요."

상대를 격려하는 이 문장에서 중요한 두 가지 요소에 주목해 보자. (1)두려움을 느끼는 사람이 이해할 수 있는 언어로 두려움을 표현한다. (2)이 말 속에는 상대방을 소중한 사람으로(비록 잘못하고 있을지는 모르나) 용납하는 자세가 표현되어 있다. **노출되나 거절당하지 않는다.** 이것이 바로 격려다.

결과적으로 빅의 두려움이 감소된다. 성공을 상징하는 외적인 것들에 매달리던 태도가 금방 눈에 띄지는 않아도 점점 약화된다. 방어막에 구멍이 뚫리고 진리의 성령이 그의 내면에 들어오실 기회가 열린다. 성경적인 가르침을 들으면서 빅은 하나님을 추구하고 싶은 열망을 느끼기 시작한다. 그래서 마치 어린아이가 아이스크림을 선뜻 택하듯이, 클럽에 가는 시간을 줄이고 교회 활동에 더 많은 시간을 쓰기로 선뜻 결정한다. 격려 없이 성경적인 훈계만 받으면 빅은 아마 교회에 좀 더 자주 나오기는 하겠지만, 그것은 마치 어린아이가 의무감에 억지로 야채를 먹듯이 마지못해 하는 행동일 것이다. 하지만 격려 속에서는 하나님의 진리가 사람을 긍정적인 방향으로 움직이게 한다. 빅은 성장하기 시작한다.

랄프 역시 누군가와 친구가 되었다고 가정해 보자. 한 교우가 격려자의 마음으로 랄프에게 가까이 다가간다. 비록 랄프의 태도가 미적지근하긴 하지만 그를 소중한 사람으로 긍정해 준다. 랄프도 반응을 보인다. 그 격려자가 다가올 때 그도 감사의 미소를 짓고, 저녁예배 후에 같이 커피 한 잔 하자는 제안도 응한다.

하지만 격려자의 신실한 노력에도 불구하고 랄프는 점점 영적인 것에서 멀어진다. 격려의 말을 해도 희미한 미소만 짓고, 커피 한 잔 하자는 제안도 더 자주 거절하며, 예배와 성경공부 모임에도 점점 안 온다. 격려자는 기운이 빠진다. 도대체 왜 그럴까? 그의 격려가 랄프의 두려움을 완화시키지도 못하고 방어막을 뚫지도 못한 것인가?

여기서 문제는, 사람에게는 두려움만이 아니라 완고함도 있다는 것이다. 사람의 마음은 철저히 완악하다. 사람은 하나님을 믿고 그분께 무릎 꿇지 않은 채 자기 힘으로 인생을 꾸려 가려고 안간힘을 쓴다. 랄프의 문제는 그의 방어막을 다루는 것을 넘어서는 문제다. 그의 성장을 방해하는 것은 비단 두려움만이 아니다. 랄프의 죄된 마음이 하나님 믿기를 거부하는 것이며, 따라서 랄프는 떨어져 나간 것이다. 그의 냉담함은 격려자가 잘못했기 때문이 아니다.

결론

격려 없는 회중에게 하나님의 진리가 잘 제시되면, 그 말씀은 **충족감**이나 **위협감**을 준다. 충족감을 느낀 사람들은 영적으로 보일 것이다. 특히 교회 성장의 기준을 교인 수나 건물의 크기, 프로그램의 다양성 등으로 평가하는 교회에서는 더욱 그렇다. 위협감을 느낀 사람들은 그들에게 부과된 영적 기준이 무엇이건 간에(작정 헌금, 수요예배 참석, 규칙적인 큐티 시간 등) 그에 순응하려 할 것이다. 또는 위협감은 느꼈지만 두려움이 많은 사람은 교회의 기준에 부응하기를 포기하고 (최소한 마음으로는) 그리스도인으로서의 성장에 냉담하거나 저항할 것이다.

격려받는 회중에게 하나님의 진리가 잘 제시되면, 일반적으로 **진정한 성장** 또는 **진정한 거역**을 유발한다. 역설적이지만, 건강한 교회는 성장 또는 거역하는 사람으로 가득하다. 건강한 교회가 되려면, **교회는 교우들을 격려하는 분위기 속에서 진리를 제시해야 한다.**

적용을 위한 정리

격려의 관계 속에 있지 않은 사람에게 제시되는 진리는 삶을 변화시키는 능력을 발휘하지 못한다.

따스하고 인정하는 관계는 있되 성경적인 방향을 제시하는 진리를 무시하면, 좋은 기분과 좀 더 긍정적인 자아상을 고취할 수는 있지만 그것이 거룩한 성품으로 이어지지는 않는다.

관계라는 맥락 속에서 진리가 제시될 때, 그리스도인으로서 최대치의 성장이 일어난다.

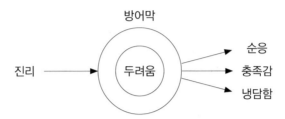

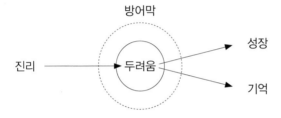

10장
격려할 기회 만들기

우리가 다른 그리스도인들을 만나는 목적은 서로를 의미 있게 격려하기 위해서다. 히브리서 10:24-25이 말하는 핵심도 바로 이것이다. "서로 돌아보아 사랑과 선행을 격려하며 모이기를 폐하는 어떤 사람들의 습관과 같이 하지 말고 오직 권하여 그날이 가까움을 볼수록 더욱 그리하자."

그런데 교제가 진부하고 시시하게 끝나는 경우가 너무 많다. 물론 분위기는 따스할지 모르지만 풍성한 격려가 없다. 때로 대화 중인 그리스도인들을 지켜보노라면, 그저 자기 유익밖에 모르는 불안정한 사람들이 깍듯이 서로의 방어막끼리만 부딪치는 듯한 경우가 있다. 그런 분위기 속에서는 격려가 전혀 일어나지 않는다.

그나마 다행인 것은, 우리의 현실이 이보다는 조금 낫다는 것이다. 대예배나 주중 성경공부가 때로는 우리 삶에 상당한 영향력을 끼치기도 한다. 얼마 전에 나는 여행 중에 방문한 교회에서 유난히 흐뭇한 시간을 보낸 적이 있다. 이 글을 쓰는 지금도 그때의 기쁨이 되살아난다. 그 교회 성도들은 상냥하고, 목사님의 설교는 단순하면서도 통찰력 있어서 사람을 주께로 이끄는 힘이 있었다. 한 부부가 나를 저녁 식사에 초대했다. 그 모든 것이 내게 매우 격려가 되었고, 나는 더욱 열심히 순종의 길을 갈 것을 다짐했다. 이런 때는 "보라, 형제가 연합하여 동거함이 어찌 그리 선하고 아름다운고"라는 찬양이 가슴에서 울려 퍼진다.

하지만 그렇지 않은 경우도 있다. 악수도 별 뜻 없이 하는 것 같고, 설교도 부모님의 꾸지람으로밖에 안 들리고, 아득히 성가대에서 들려오는 간절한 찬송 소리도 왠지 꾸며 낸 연극처럼 느껴진다. 아이들은 반항하듯 삐딱하게 앉아 있다가 부모가 쿡쿡 찔러야 마지못해 잠시 자리를 고쳐 앉는다. 우리는 격려를 주지도 받지도 못한다. 그럴 때면 교회 가는 것이 마치 치과에 가는 것처럼 심드렁하다.

교회에서 드리는 예배가 늘 경배와 배움과 교제로 뜨거운 척하는 것은 전혀 도움이 안된다. 그리스도인도—목사든 주일학교 교사든 안내위원이든—짜증스럽고 이기적이고 쩨쩨하고 부정직하고 잔머리 굴리고 어리석고 냉정하고 무감하고 무디고 오만할 수 있다. 하지만 그래도 우리는 "아름다운" 하나님의 백성들과 만날 때면 서로 격려할 기회를 찾아야 한다. 어떻게? 우리의 대화가 방향 없는 수다, 시무룩한 불평불만, 잡다하고 진부한 말들로 가득할 때, 어떻게 하면 은근히 격려의 말을 할 기회를 만들 수 있을까?

사역의 목적

지금까지는 사람들과 대화할 때 동기가 꾸준하고 일관되어야 한다는 점을 강조했다. 즉, 다른 사람에게 사역한다는 목적을 적극적으로 추구해야 한다는 말이다. 이런 이상을 말로 하기는 쉽지만 실천은 어려운 것이 문제지만 말이다. 나는 이 사역의 목적을 이번 주일예배 때 바로 실행할 수 있는 현실적인 수준에서 적용하는 데 관심이 있다.

우리의 속마음이 끊임없이 돌아가는 카세트테이프와 같다고 생각해 보자. 우리는 머릿속에서 돌아가는 생각을 들을 때도 있고 못 들을 때도 있다. 때로는 그 소리가 너무 커서 우리의 의식 전체를 지배해 외부에서 들어오는 정보가 전혀 입력되지 않을 때도 있다. 그럴 때 우리는 현실과의 교감contact을 잃어버린다. 하지만 대체로 생각의 음량은 의식적으로 기울이는 주의력보다 약간 높은 정도일 뿐이다. 다시 말하면 사람은 보통 자신이 어떤 생각을 하고 있는지 별로 의식하지 않는다.

주일예배를 마치고 나오는 한 사람에게 다가가서, "지금 무슨 생각을 하고 계세요?"라고 대뜸 묻는다면, 그 사람은 혼란스러워하며 "음…… 잘 모르겠네요. 별 생각 안 했습니다"라고 더듬거릴 것이다. 하지만 그래도 그는 무언가를 생각하고 있었다. 우리가 정말 아무 생각 안 하는 적은 거의 없다. 카세트테이프에서는 일정한 문장이 **항상** 돌아가고 있으며, 집중해서 들어 보면 최소한 그 테이프에서 나오는 몇 마디는 의식할 수 있다.

특정한 순간에 우리가 무슨 생각을 하는지 의식은 못해도, 우리 마음을 채우고 있는 단어들이 대체로 우리의 행동과 감정을 통제한다. 우리의 행동은 대부분 마음에서 무의식적으로 돌아가는 생각의 산물이다. 따라서 생각을 잘 다스리는 것이 중요하다. 스스로에게 무엇이라고 말하는지를 들으면서 **잘못된** 목적과 **이기적인** 행동을 드러내는 문장은 **올바른** 목적과 **이타적인** 행동을 드러내는 문장으로 열심히 대체해야 한다.

예를 들어, 복음주의 계통의 교회에서 주일 아침에 일어나는 일을 한번 상상해 보자. 수백 수천의 교우들이 예배드리러 교회에 들어온다. 부모들은 자녀에게 주일학교 장소를 가리키며 잘 가라고 하고, 아는 사람을 만나면 쾌활하게 인사도 한다. 여자 교우들은 머리를 매만지고 남자 교우들은 넥타이를 가다듬는다. 그리스도인들이 한자리에 모이는 것이다.

이 사람들의 머릿속에 의식 수준으로 또는 의식 저변으로 돌아가는 문장들을 포착하는 특수 마이크를 설치해 놓고, 그 생각들을 엿듣는다고 상상해 보자.

- "이런! 저기 프레드가 차를 주차하고 있군. 나를 보면 당회 회의록 다 정리했냐고 물어보겠지? 마주치기 전에 얼른 가서 자리 잡고 앉자."

- "남편이 출장을 안 갔으면 얼마나 좋을까. 그이 없이 교회 오면 정말 마음이 불편해. 오늘은 뒷자리에 앉았다가 예배 끝나는 대로 얼른 가야겠다."

- "지난 몇 주 동안 설교가 영 형편없던데, 오늘 설교는 좀 나으려나?"

- "오늘은 정말 기분 좋은 걸. 해야 할 일도 다 끝냈고, 교회도 마음에 들고 말이야. 오후 3시에 축구 중계가 있으니까 TV를 보고 나서 가족들과 저녁 외식도 할 수 있겠어. 아, 내가 그리스도인이라는 게 정말 좋아."

- "이 교회를 계속 다녀야 하는 건지 정말 모르겠어. 이렇다 할 친구도 못 사귀었고 설교도 별로 와 닿지 않으니. 그래, 일단

계속 기도하면서 오늘은 어떨지 한번 보자구."

- "행복해 보이는 저 젊은 가족 좀 봐. 우리 아이들은 다 자라서 자기 길로 갔건만 아직 구원도 못 받고 사는 것도 엉망이니, 속이 쓰려서, 원. 몇 년만 뒤로 물릴 수 있다면…… 그래도 절대로 울면 안돼, 아암. 자, 웃자 웃어, 저기 낸시가 인사하러 온다."
- "사람들은 내가 영적으로 제법 성숙하다고 생각하니까, 자, 은혜롭게 인사할 준비를 하고, 어떤 상황이든 성경적으로 대처하자구."

교회에 모인 성도들의 머릿속에서 조용히 돌아가는 문장들을 생각하면, 그들이 함께 보내는 시간 동안 진정한 격려가 일어날 기회는 극히 적음을 알 수 있다. 사실 대부분의 사람들은 누군가를 격려하겠다는 마음으로 교회에 오지 않는다. 그리고 그런 자세는 우리의 생각 속에 모두 드러난다.

우리의 말과 행동은 모두 일정한 목적을 향해 움직인다. 사람은 목적 지향적인 존재다. 즉 목적이 우리를 통제한다. 따라서 행동을 바꾸고 싶다면 먼저 성취하고자 하는 목적을 바꾸어야 한다. 넓게 보면 우리의 목적은 대략 두 가지로 분류할 수 있다. 자신의 향상이나 보호를 위해 만사를 **조작하든가**, 아니면 하나님의 영광과 타인의 안녕을 위해 **사역하든**

가 둘 중 하나다. 우리가 속으로 생각하는 말들은 의식하든 못하든 자신이 추구하는 목표를 반영한다(어떤 의미에서는 그 목표를 결정한다). 예를 들면, 외로운 사람들은 친구 사귀기를 목표로 추구한다. 따라서 그들의 생각 테이프에서는 상냥함, 거절감 피하기, 또는 자신의 사교성 평가하기와 관련된 생각들이 돌아간다. 남을 격려할 기회를 찾지 않으므로 결국 격려할 기회를 놓친다.

자신의 생각을 면밀히 검토하고 격려 아닌 다른 목적이 드러나는 문장들을 간파해서, 사역을 목적으로 하는 새로운 문장들로 대체하지 않으면, 아무도 격려할 수 없을 것이다. 히브리서 기자는 서로 어떻게 격려할지 **깊이 생각하라**고 특별히 강조한다(히 10:24-25). 우리는 의식적이고 의도적으로 정신을 계속 훈련시켜, 사람을 격려하는 쪽으로 관심을 돌려야 한다.

"많은 사람들이 무거운 짐을 지고 힘들어 하는데, 나는 오늘 누구에게 사랑과 관심의 말을 건넬까?"라고 생각하는 성도가 한 교회에 열 명만 있다고 하자. 이런 사람들이 있는 교회의 성도들은 실제로 격려를 경험하게 될 것이다.

내가 하는 모든 말의 동기가 사역에 의거해야 한다는 것을 점점 명확히 깨달으면서, 나는 마음속 카세트테이프에 새로운 생각을 주입하려고 노력했다. 매일 저녁 퇴근해서 집에 돌아오면 주차한 뒤 잠시 차 안에서 이렇게 되뇌었다. "현관문을 열고 들어서면 내 목표는 우리 가족들에게 사역을 하는 것이다. 집사람과 아이들이 밝은 표정으로 반갑게 나를 맞아 주고 집안에 문제도 없으면 정말 좋겠지만, 설혹 무슨 일이 있다 해도 내 목적은 가족들을 사랑으로 사역하는 것이다."

퇴근해서 집에 들어가는 시간이 가장 두렵다는 남자들이 허다하다. 그들이 지쳐서 터덜터덜 집 안으로 들어갈 때 머릿속에서는 이런 테이프가 돌아간다. "햄스터가 또 변기통에 빠지지 않았으면 좋으련만." 또는 "집사람이 오늘도 어제처럼 투덜거리면 아예 집을 나와 버릴 테다." 이런 생각이 지배하기 시작하면 남편들은 입을 꾹 다물어 버리거나, 자기 방으로 들어가 버리거나, TV나 신문에 코를 박고 방어막에 묻혀 버린다.

자기보호를 위해 상황을 조작하는 것은 저절로 되는데, 종처럼 섬기는 사역은 좀처럼 쉽지 않다. 사역의 자세를 갖추려면 면밀한 훈련이 필요하다. 부지런히 자기 생각을 살피고 올바른 생각으로 머릿속 테이프를 돌리겠다는 목표가 분명하지 않으면, 도리 없이 방어막끼리만 접촉하는 교제 속에서 겉돌게 된다. 그리스도 안에서 다른 사람들과 함께하는 시간을 격려의 시간으로 만들려면, 그 첫째 조건은 격려를 목표로 삼는 것이다.

상대방의 필요에 민감한 언어 사용하기

격려를 목표로 삼으면 격려할 기회를 적극적으로 찾아 나설 것이다. 하지만 그 기회를 어떻게 알아챌 수 있을까? 알아챘으면 무엇을 해야 하는가? 격려하려는 대상에게 다가가 어깨에 살포시 손을 얹고 자상한 눈빛으로 바라보며 "안녕하세요? 자매님을 격려하러 왔어요"라고 말해야 하는가? 격려할 기회를 찾아 제대로 격려하려면 도대체 어떻게 해야 하는가?

격려할 기회는 일부러 만들기보다 적당히 포착할 때 효과가 가장 크다. 격려란 풍부한 감정 속에서 많은 대화를 주고받는 극적인 것으로 생각하면 오산이다. 물론 그런 경우도 가끔 있을 것이고, 또 그것은 의미 있는 순간이기도 하다. 하지만 대체로 격려는 겉보기에 아주 평범한 일상적인 대화 중에 일어난다. 다른 사람이 들으면 전혀 아무것도 아닌 몇 마디 말이 오간다. 하지만 그 속에서 무언가가 일어난다. 한 사람이 격려를 받는 것이다. 격려의 위력은 말 자체에 있지 않고 말 뒤에 숨은 동기에 있음을 기억하라. 평범한 대화라도 주의 깊게 들으면, 사역을 염두에 두고 사랑 어린 마음으로 들으면, 격려할 기회가 적지 않음을 알게 된다. 그렇다면 어떻게 그 기회를 찾아낼 것인가?

어떤 모임이든 당장 발등에 불이 떨어져 어려움을 겪는

사람이 한둘은 있게 마련이다. 성적 공상으로 죄책감에 시달리는 사람, 의사와 면담을 잡아 놓고 불안해 하는 사람, 빡빡한 일정에 시달려 피곤한 사람, 친한 친구가 이사를 가서 유난히 외로움에 시달리는 사람. 돈 걱정, 무심한 배우자한테 받은 상처, 함부로 조언을 퍼붓는 부모님 때문에 분노가 쌓인 사람 등 열거하자면 끝이 없다. 그런가 하면 당장은 문제가 없지만 조만간 문제가 불거질 사람들도 있다.

하지만 그렇게 무거운 짐을 보란 듯이 드러내는 사람은 거의 없다. 그것은 당연하다. 문제의 노출을 미덕으로 생각하는 정서적 노출주의자들은 상처받기 딱 좋은 상황에 자신을 노출하고 거기에 열광한다. 하지만 그리스도인의 교제는 개인의 문제를 다 드러내는 문제의 광장이 아니다. 그보다는 그리스도의 생명력이 어떻게 우리의 삶에 적실한지를 함께 나누는 기회를 갖는 것이다. 그러려면 자신을 열고 노출시켜야 하지만, 그것은 목적이 아니라 그리스도를 더 풍성히 경험하겠다는 목적을 위한 수단일 뿐이다.

하지만 우리는 사회적으로 용인되는 가면 뒤에 걱정거리를 위장하는 경향이 있다. 참된 감정을 노출하면 비난과 거절을 당할까 봐 그것을 피하려고 계속 가면을 쓴다. 하지만 그런 방어막은 우리를 **보호**만 하는 것이 아니라 **격리**시킨다. 결국 우리는 본능적으로 갈망하는 관계에서 끊어졌음을 느낀다. 방어막 덕택에 거절감은 안 느끼지만 동시에 사랑을 느낄 가능성도 차단된다. 우리는 방어막 뒤에서 누군가가 나를 알아주고 인정해 주기를 갈망한다. 그래서 내면에서 일어나는 일을 미묘하게 암시적으로 흘린다. 내 말을 듣는 상대방이 주의 깊고 민감하며 나를 받아 줄 사람인지를 떠보는 것이다. 수영장에 들어온 사람이 물의 온도가 어떤지 알아보려고 발가락을 살짝 담그듯이, 내 말을 듣는 상대의 마음이 따스한지 시험하기에 충분할 만큼만 자신을 드러낸다.

"요즘 잘 지내?"라고 친구가 묻는다. 나는 사실 골치가 지끈지끈 아프고, 아이들은 교회 오는 동안 내내 싸웠으며, 부모님 한 분은 끔찍한 병 증세를 보이고 있다. 하지만 나는 이렇게 대답한다. "응, 잘 지내. 뭐 그냥, 전반적으로 말하자면."

그때 내 친구가 이렇게 대답한다. "그래, 요즘은 웬만큼 지탱하는 것도 쉬운 일이 아니지. 만나서 반가웠어!" 그러면 **그는 격려할 기회를 놓친 것이다.** 격려의 기회가 요란하게 광고를 하며 나타난 것은 아니지만 분명히 기회는 있었다. 약간 머뭇거린 내 대답 속에는 좀 더 물어봐 주었으면 하는 마음이 깔려 있었다. 그렇게 암시만 한 이유는 그 친구가 내 감정에 진심으로 관심을 가질지 확신이 없었기 때문이다. 그가 격려할 기회를 적극적으로 찾는 사람이었더라면, "응, 잘 지내. 뭐 그냥, 전반적으로 말하자면"이라는 말투 속에서 "그럼, 잘 지내지. 너는 어때?"라는 말과는 뭔가 다른 낌새를 눈치챘을 것이다. 망설이는 듯한 말투는, 친구가 나를 격려할 마음이 있다면 나도 기꺼이 응수할 자세가 되어 있다는 의미다.

이렇게 요약해 보자. 격려자는 **표현된 말 저변에 깔린 의미**를 읽는 기술이 필요하다. 말에는 누구나 이해할 수 있는 분명한 의미도 들어 있지만, 때로는 미묘하게 숨겨진 의미도 있다. 그 숨겨진 의미를 포착할 줄 알아야 한다.

여기서 한 가지 주의할 점이 있다. **모든 말마다 상대방의 필요가 숨겨져 있는 것은 아니다!** 상대방의 말끝마다 격려자가 문제를 찾아내려 하면, 그것만큼 격려를 막는 것도 없다.

"어떻게 지내세요?"

"네, 잘 지냅니다."

"잘 지내신다구요? 정말이십니까? 정말로 어떻게 지내세요?"

사람들과 가볍게 마주칠 때마다 그들의 깊은 상처를 찾아내려 하는 것도 위험천만하지만, 가벼운 잡담 속에 숨어 있는 근심을 포착하지 못하는 것은 더 위험하다. 말 속의 말을 듣는 기술을 훈련하라.

주일예배를 마친 어느 날, 한 친구가 말한다. "오늘 설교는 도대체 설교 같지도 않아." 이 말 속에 내포된 의미는 무엇일까? 별다른 의미 없는 말일 수도 있다. 설교가 정말 신통치 않았는지도 모른다. 하지만 때로는 숨겨진 의미가 있을 수 있다. 가능성 있는 다양한 의미들은 다음과 같다.

- "설교를 듣고 찔리는 바가 없지는 않지만, 이런 가책은 대충 넘어가고 싶어."
- "난 저 목사가 영 맘에 안 들어. 그가 하는 말은 절대로 새겨 듣지 않을 거야."
- "내게도 설교를 하거나 가르칠 기회가 있었으면 좋겠다. 강대상에 서는 건 뿌듯한 일이겠지."
- "우리 목사님 설교는 내가 고민하는 문제에 전혀 와 닿지 못하는군. 이혼을 심각하게 고려하는 마당에 엘리야가 바알의 제사장들과 싸우는 이야기라니."

격려의 사역에 헌신한 사람은 상대방의 말에 **귀 기울여야** 한다. 상대방이 말을 하는 동안 나는 무슨 말을 할까만 생각하지 말고, 귀 기울여 그의 말을 들어야 한다. 적극적으로 잘 들으려면 집중하는 노력이 필요하다. 일그러진 표정, 축 처진 어깨, 한숨, 생기 없는 목소리, 물기 어린 눈빛 등을 감지해야 한다. "오늘 설교는 도대체 설교 같지도 않아"라는 말을 들으면 깊이 생각할 줄 알아야 한다.

이때가 바로 격려할 기회를 달라고 간구한 기도의 응답인지도 모른다. 이렇게 상대방의 말 속에 숨은 의미가 있을지도 모르는 가능성을 포착하는 1단계를 지나면 다음 단계는 무엇일까? 상대방이 저변의 의미를 내비친 게 아닌가 하는 의구심이 들 경우, 격려자는 무엇을 해야 하는가?

격려자는 **상대방의 말을 좀 더 듣고 싶은 마음을 표현해야 한다.** 상대의 말문을 열어 주는 말을 해야 한다. 말문을 여는 말에는 두 가지 의미가 담겨 있다.

첫째, 당신이 하려는 말이 무엇이든 저는 그 말에 관심이 있습니다.

둘째, 당신이 어떤 말을 하든 저는 당신을 받아들입니다.

"오늘 설교는 도대체 설교 같지도 않아"라는 말을 들은 격려자는 다음과 같은 말로 상대가 말문을 열게 할 수 있다.

- "왜 그렇게 생각하는데?"
- "무슨 말인지 자세히 설명해 주겠니?"
- "그래?"
- "전혀? 전혀 설교 같지 않아?"
- "별 도움이 안된다는 말이지?"

사람들은 **말문을 여는 말**보다는 **말문을 막는 말**로 응수하는

격려를 통한 영적 성장

경우가 태반이다. 말문을 막는 말이란 더 깊이 나누고 싶은 기대의 싹을 잘라 버리는 말로, 다른 사람들에게 어떤 일이 일어나고 있는지 세심한 관심이 별로 없음을 말한다. 그런 말에는 비난조가 섞여 있어서 상대방이 거절당할까 봐 위협 감을 느끼게 한다. 말문을 막는 말은 무감각하고 비판적이며 냉담한 말로, 더 이상의 대화를 단절시킨다. 그런 말은 거절 감과 외로움을 증폭시키기 때문에 격려를 방해한다.

그리스도인끼리의 대화에는 공감과 민감함이 들어 있어 야 한다. 사람은 잉태될 때 화학 물질이 융합되었다가 죽을 때 다시 분해되는 화학 유기물 이상이다. 사람은 하나님의 형 상을 간직한 **인격체**다. 비록 타락했지만 소중한 존재다. 우리 가 매일 스치는 사람들은 독특하고 유일한 존재다. 영원한 영 광이나 영원한 절망으로 들어갈 놀라운 운명을 지닌 존재다.

더 쉽게 말하자면, 사람은 그 말에 귀 기울일 가치가 있는 존재다. 지극히 작은 소자에게 물 한 그릇 대접한 것도 상 받 을 가치가 있는 행동이다. 다른 사람의 삶에 개입해서 그들 이 사랑과 선행으로 자라 가도록 독려하는 것은 소명이자 특 권이다. **사역을 목표로 삼고** 상대방의 말 저변에 깔린 **필요를 민감하게 들어 주고** 잘 응수함으로 상대의 말문을 열어 줄 때, 그리스도인의 모임에서 서로를 격려할 기회는 얼마든지 찾을 수 있을 것이다.

적용을 위한 정리

믿는 자들이 함께 모일 때 서로를 격려할 기회는 무궁무진한데 그 기회를 놓치는 경우가 많다.

누군가를 격려할 기회를 찾으려면 두 가지 조건이 충족되어야 한다. (1)다른 사람과 대화할 때마다 대화의 목적은 격려임을 의식적으로 계속 상기해야 한다. (2)사람들은 보통 염려를 터놓고 말하지 않는다는 것을 알아야 한다. 대체로는 무언가 제대로 되고 있지 않음을 넌지시 암시로 말한다. 격려자는 상대방에게 어려운 일이 있음을 감지하면 민감하게 반응해야 한다.

상대방의 말문을 열려면 그가 어떤 말을 하든 받아들인다는 자세를 보여야 한다. 상대방이 힘들어 하는 것이 무엇이든 그 말을 지루해 하거나 또는 비판적이고 냉담한 태도를 보이면 상대의 말문을 막게 된다.

11장
기회를 포착하라

격려할 기회를 주시하고 있고, 상대방의 말에 숨겨진 의미를 파악해서 말문을 열 수 있도록 반응했다면, 이제 본격적인 격려가 필요한 상황에 들어온 것이다. 진심으로 남의 말에 귀 기울이는 사람이 너무나 적기 때문에, 그렇게 하기로 마음먹고 나면 격려가 필요한 사람들을 꾸준히 접하게 될 것이다.

하지만 민감하게 잘 들어 주고 나면 중대한 문제에 봉착한다. 상대방의 말문을 열어 주었더니 정말로 마음을 열고 문제를 털어놓았다. 이렇게 방어막을 벗어 버리고 자신의 문제를 드러낸 사람에게 격려자가 해줄 일은 무엇인가?

격려에 관한 수업을 듣던 한 성실한 그리스도인이 이렇게 말한 적이 있다. "저는 상대의 말문을 열어 주기가 꺼려질 때가 있어요. 그 사람이 정말 힘든 고민을 털어놓으면 어떻게 합니까? '결혼 생활이 힘들다', '자녀가 마약을 한다' 또는 '동성애 문제가 있다'고 털어놓으면 저는 무슨 말을 해야 할지 전혀 감을 못 잡겠어요. 상대에게 득보다 해를 입힐까 봐 두렵습니다. 그렇게 큰 문제는 그만두고, 상대방이 우울하다는 말만 해도 어떻게 대답해야 할지 정말 난감해요."

충분히 이해가 된다. 사람들이 말문을 열기보다는 닫는 것도 이런 이유 때문이다. 상대방이 자신의 방어막을 벗고 숨겨진 문제를 드러낼 때 우리는 어떻게 해야 하는가? 의사가 환자를 수술할 때 정말로 어려운 부분은 절개가 아닐 것이다. 물론 안전하고 정확하게 절개하는 것도 기술을 요하지만, 수술의 핵심은 절개 후에 시작된다. 절개를 하고 병든 부분이 드러날 때부터 정말로 의사의 능력이 필요하다. 이 비유와 연관시켜 볼 때, 격려자에게 가장 필요한 것은 상대방이 말로 자신을 절개해서 문제를 우리 앞에 드러낼 때 어떻게 할 것인가 하는 점이다.

앞 장에서 격려의 말이 어떤 것인지 살펴볼 때 이미 언급했듯이, 격려는 성경 구절을 줄줄이 암송한다고 터득되는 것이 아니다. 암송 목록 같은 것은 없다. 최소한 암송할 만한 가치가 있는 특정 구절은 없다. 격려는 특별히 선별한 말들을 늘어놓는 기술이 아니라 일종의 태도다. 상대방을 소중히 여기는 마음으로 대하겠다는 자세다.

하지만 격려를 하려면 말을 해야 한다. 따라서 합당한 말을 잘 선택해야 할 필요가 있다. **격려의 원칙**을 몇 가지 살펴봄으로써 접근하는 것도 좋은 방법이다. 상처 입은 사람에게 말을 할 때 이 원칙을 기억하고 이에 입각해서 말한다면, 우리의 말은 격려하는 힘을 발휘할 것이다.

1. 격려의 핵심은 거절에 대한 두려움 없이 노출하는 것이다.

2. 때로는 이해심이 충고보다 더 격려가 된다.

3. 구체적으로 이해할수록 격려자의 말에 더 힘이 실린다.

원칙 1_ 격려의 핵심은 거절에 대한 두려움 없이 노출하는 것이다

방어막의 핵심 기능은 자기보호다. 방어막 밖으로 나온다는 것은 이 보호벽을 잃는다는 의미다. 노출된 사람은 거절감을 경험할 수 있는 자리에 선다. 무관심, 비난, 짜증, 안달복달, 톡 쏘는 말, 뒤로 물러서기, 인정하지 않기 등은 상대방을 소중히 여기지 않고 거절하는 행위다. 이것 말고도 거절의 양태는 수없이 많다. 우리 존재의 중심에는 거절당할까 봐 두려운 마음이 있고, 이 마음은 다양한 형태로 나타난다.

그리스도인들은 예수님의 십자가로 하나님께 완전히 용납된 존재다. 우리에게는 더 이상 정죄함이 없다. 따라서 사람이 우리를 거절해도 하나님의 용납에 비하면 마치 백만장

자가 돈 몇 푼 잃어버린 정도밖에 안된다. 하지만 우리는 이 사실을 놓친다. 어리석게도 다른 사람이 우리를 얼마나 받아 주느냐로 우리의 가치를 판단한다. 그래서 사람들의 거절이 두려워 자신을 숨기려 한다.

사람에게 이런 두려움이 있음을 이해할 때, 노출된 사람을 우리가 온전히 받아 주고 있음을 표현하는 것이 얼마나 중요한 격려의 능력인지 알 수 있다. 내 아내는 내가 교회 강단이나 세미나에서 그리스도를 위해 사는 법을 남들에게 가르치는 모습을 많이 본다. 그런가 하면 잔디 깎는 기계가 고장났거나 일정이 버거울 때 내가 어떻게 행동하는지도 많이 보아 왔다. 내가 얼마나 내 설교대로 살지 못하는 불완전한 사람인지 누구보다도 아내가 잘 안다. 그녀 앞에 나는 노출되어 있다. 그러나 용납되고 있다. 나는 노출되었으나 용납되었다. 이것이 격려다.

교회 간사가 잘못을 해서 담임 목사가 그를 훈계한다. 그 간사는 자신의 잘못을 줄줄이 듣는 동안 노출되어 있다. 그 상황에서 그는 방어, 사과 또는 오만함이라는 방어막 뒤로 숨을 수 있지만, 그래도 어느 정도는 여전히 노출되어 있다. 사람의 약점이 자신과 타인의 눈에 보일 때, 그때가 바로 격려 또는 낙심이 생기는 순간이다.

이 순간에 그 간사를 격려하려면, 담임 목사는 힘들더라도 그가 변화될 가능성을 확신하는 말을 해주어야 한다. 그리고 간사가 그의 말을 듣고 고민할 자유를 주어야 한다. 이렇게 말할 수 있을 것이다. "앞으로 일주일 동안 각자 기도한 뒤에 다시 한번 이야기합시다." 꾸지람을 애매하고 호되게 하지 않고 정확하면서도 부드럽게 했다면, 그의 훈계는 격려가 될지도 모른다.

하지만 목사의 말 속에 지긋지긋한 감정, 실망, 참지 못함, 짜증 등이 배어 있다면, 그 말은 아무런 격려가 되지 못할 것이다. 격려는 상대의 필요와 잘못이 노출되었음에도 불구하고 **수용할** 때 일어난다.

때로 격려는 우스울 만큼 사소한 일상에서도 일어난다. 최근에 강연차 출장을 갔다가 내가 묵을 모텔방에 들어갔는데, 실망스럽게도 샤워기가 고장이었다. 마침 일하는 사람이 복도에서 부스럭거리는 소리가 나길래 이 상황을 말했다. 그녀는 진지하게 고개를 끄덕이더니 관리실에 보고하겠다고 약속했다.

몇 시간 후에 강의를 마치고 돌아오는 길에 그녀와 마주쳤다. 그녀는 타월을 개다가 잠시 일손을 멈추고 나를 쳐다보며 말했다. "샤워기가 고장난 사실을 관리실에 알렸어요. 바로 수리가 안되면 방을 바꾸셔야 할 것 같네요."

그녀의 말을 들은 나는 마음이 따스해졌다. 나는 내 필요를 그녀에게 노출했고—물론 중요한 것은 아니지만 어쨌든 필요는 필요다—그녀는 내 말을 들어 주었다. 그 문제를 진지하게 대해 준 것이다. 다시 그때를 돌이켜 보건대, 나는 내가 말한 필요에 대해 그녀가 별 조치도 안 취하고 무심할 것으로 예상했던 것 같다. 그런데 그처럼 신경을 써주다니. 사소한 경우지만 어쨌든 필요가 노출되고 수용됨으로 격려가 일어났다.

원칙 2_ 때로는 이해심이 충고보다 더 격려가 된다

상대방이 어려움을 드러내면, 대부분은 즉각 부담감을 느낀다. "내가 뭐라고 말해야 하지? 어떻게 도와줄까? 그에게 어떻게 하라고 말해야 할지 모르겠어." 이런 부담감은 **스스로 부여한** 것이다. 상대의 문제를 내가 해결하려 들기 때문에 해결책을 주어야 한다는 부담감을 느끼는 것이다.

문제를 드러낸 사람이 우리에게 정말로 해결책을 구한다고 생각하면 오산이다. 직장에서의 어려움을 아내에게 토로하는 남편은 아내가 다른 직장을 구해 보라고 권하거나 아니면 이 어려움을 잘 넘길 대책을 제시해 주기를 기대하고 말하는 게 아니다. 단지 아내의 이해와 수용을 받고 싶은 것이다. "내가 힘들거든. 그것 좀 알아달라구"라는 의미다.

그런데 아내들은(상황이 반대가 되면 남편들도 마찬가지다)

즉시 이렇게 대답한다. "그래? 그럼 거기 그만두고 다른 데 알아봐야 하는 것 아니야?" 그러면 남편은 이렇게 쏘아붙인다. "이 사람이! 직장 생활이 무슨 애들 장난인 줄 알아? 그러면 우리는 어떻게 살라고?"

길 잃은 사람에게는 방향 감각이 필요하다. 눈먼 사람에게는 빛이 필요하고 완고한 사람에게는 일깨움이 필요하다. 인생의 문제를 어떻게 다루어야 할지 분명한 가르침도 물론 필요하다. 하지만 사람들은 길 잃고 눈멀고 완고할 뿐만 아니라 겁먹고 있다. 그렇게 겁먹은 사람에게는 참을성 있게 용납해 주는 이해심이 필요하다. 이해심 없는 충고는 도움이 안 된다. 사실 그런 충고는 거절의 또 다른 표현이다. 그리스도인들은 이 점을 반드시 기억해야 한다.

상대의 말에 바로 충고하는 것은 상대방을 존중하지 않고 무관심하다는 뜻이다. **말은** 이렇게 할 것이다. "제 생각에는 자매님이 이러이러하게 하셔야……" 그 말이 상대방한테는 이렇게 들릴 수 있다. "자매님의 문제는 간단하네요. 그런데도 해결책을 못 찾고 있으니, 좀 한심하군요. 자, 내가 알려 드리죠……."

격려자가 할 일은 상대방을 이해하고 받아 주는 것이다. 어떻게 해야 할지 모르는 사람에게는 성경에 근거하여 직접 충고하는 것도 도움이 될 수 있다. 하지만 격려라는 사역의 독특한 특징은 사람들을 받아줌으로써 그들이 마음을 열고 유익한 조언을 들을 수 있도록 준비시켜 주는 것이다. 격려자는 모든 문제에 대해 구체적인 해결책을 주어야 한다는 부담을 느낄 필요가 없다. 어쩌면 더 명확한 방향 제시를 위해서 경험과 지식이 더 풍부한 사람을 찾아야 할지도 모른다. 격려자는 상대방을 이해함으로써 격려의 풍성한 의미를 맛보아야 한다.

차분히 들어주기, 민감하게 살피기, 명확하게 질문하기, 분별력 있게 다시 한번 말로 정리하기 등은 상대방을 잘 이해하고 있음을 알리는 좋은 방법이다. 이런 대화 기술은 나중에 더 자세히 다룰 것이다. 하지만 기법이야 어떻든 격려자의 말 속에 깃든 의미는 이렇다. "잘 듣고 있습니다. 더 듣고 싶네요. 당신은 소중한 사람이니까요."

원칙 3_ 구체적으로 이해할수록 격려자의 말에 더 힘이 실린다

격려자는 (1)거절감 없이 노출할 수 있는 분위기를 조성하고 (2)상대방이 무슨 말을 하든 민감하게 이해하려고 노력해야 하며, (3)상대방을 소중히 여기고 있음을 잘 보여주는 말로 표현해야 한다. 그러려면 격려자는 상대방을 가치 있게 만드는 것이 무엇인지 알아야 한다.

성경은 인간이 독특하고 유일하다고 말한다. 우리는 하

나님의 형상을 담고 있다. 그 형상이 포함하는 영역은 광범위하지만, 최소한 다음의 것들이 포함된다. (1)사람은 사랑의 관계를 맺을 능력이 있다. (2)사람은 의미 있는 활동에 참여할 능력이 있다. 우리는 관계를 맺고 의미 있는 활동을 하도록 지어진 존재다. 하나님은 아담과 하와와 관계를 맺으셨고, 그 둘에게 중요한 일을 맡기셨다.

우리는 피조된 유한한 존재이기 때문에, 충만하고 온전한 삶을 살려면 그에 필요한 자원을 무한하신 하나님께 의존해야 한다. 따라서 우리는 관계가 필요하고 의미가 필요하다. 우리에게는 사랑과 목적의식 둘 다 필요하다. 또는 내가 쓴 『결혼 건축가』에서 사용한 용어를 빌자면, 사람은 **안전감**security과 **중요감**significance이 필요하다. 절대 잃지 않을 사랑을 누림으로 안전감을 느끼고, 영원으로 이어지는 활동을 통해 중요감을 느끼는 것은 오직 그리스도와의 관계를 통해서만 가능하다.

타락한 인간의 마음 가장 깊은 중심에 자리 잡고 있는 근본적인 두려움은 불안전감(거절감)과 자신이 하찮은 존재라는 의식(가치 상실)이다. 나름대로 잘 살아가는 것처럼 보이는 사람들의 방어막 저변에 이런 깊은 갈망이 깔려 있음을 이해한다면, 격려자의 말 속에는 사람들의 두려움을 이해하는 마음이 깃들 것이다.

사람에게는 관계에 대한 갈망, 모든 방어막을 꿰뚫는 갈망이 있음을 정확히 파악하는 것이 바로 격려의 말이다. 최근에 이혼한 한 여성이 있었다. 그녀는 쉽지 않은 독신 생활에 잘 적응할 수 있도록 하나님이 도와주시리라 믿는다고 말했다. 하지만 나는 그 확신이 순전하기보다는 억지로 짜낸 것임을 간파했고, 사람이 얼마나 관계를 갈망하는 존재인지를 기억하면서 그저 "외로우시겠어요"라고 한 마디 했다.

그때 그녀가 울음을 터뜨리며 속마음을 털어놓았다. 삶이 다시는 즐겁지 않을까 봐 너무 겁난다는 것이었다. 나는 그녀에게 관계가 필요하다는 사실을 되새기면서, 그녀의 말에 귀 기울이고 그녀를 용납하고 그녀에게 관심을 가지는 사람이 최소한 한 명은 있음을 알려 주었다. 그리고 함께 기도하면서 주님이 그녀의 삶에 깊이 임재하시기를 간구했다.

격려의 말을 할 때는 관계에 대한 필요와 의미에 대한 필요를 모두 고려해야 한다. 우리는 누구나 자신이 중요한 존재임을 확인받고 싶어 한다. 우리는 영향력을 끼치고 싶어 한다. 몇 년 동안 교제하며 활동하던 교회를 떠났는데, 우리의 빈자리가 금방 채워지는 것을 보면 섭섭하다. 하나님은 우리를 이 세상에 영향력을 끼치는 존재로 만드셨다. 그러므로 우리가 긍정적인 영향력을 끼치고 있음을 알 때, 마음이 무척 뿌듯해진다.

사람을 격려하는 가장 탁월한 방법은 그들이 다른 사람들의 삶을 얼마나 바꿔 주었는지 알리는 것이다. "자매님의 웃는 얼굴은 사람을 늘 기분 좋게 해요." "두 분이 자녀를 키우는 방식은 저도 본받고 싶답니다." 또는 "당신의 일관된 삶을 보면 기독교에 무언가가 있기는 있는 것 같습니다"라는 말은 정말 격려가 된다.

격려자들은 민감하게 깨어서 상대방의 기본적인 필요를 포착하고 그에게 소망을 주는 말을 해야 한다. 안 그러면 상대방은 그리스도 안에 있는 안전감과 중요감을 경험하지 못하는 절망 상태가 된다. 사람의 필요를 정확히 이해할 때, 격려자의 말에도 더 힘이 실린다.

적용을 위한 정리

누구나 다른 사람의 삶에 개입해서 대화의 문을 열기를 주저한다. 그렇게 주저하는 이유 중에는, 막상 상대방이 대화의 문을 열고 자신의 어려움을 토로하면 무슨 말을 해주어야 할지 모르기 때문이다. 이해가 된다.

이런 두려움은 모든 문제에 해결책을 제시해야 한다고 스스로 부과한 부담감에 기인한다. 그런 부담감은 격려의 본질을 잘못 이해했기 때문이다.

격려는 다음 세 가지 원칙에 따라 이루어진다.

1. 격려의 말은 상대방의 필요나 문제가 노출되었을 때도 그 사람을 용납하는 말이다.

2. 설익은 충고(문제를 충분히 이해하기도 전에 던지는 충고)는 상대방의 인격과 그의 문제를 존중하지 않는다는 뜻이다. 문제를 (해결이 아니라) 이해하고자 진지하게 노력하는 자세야말로 격려의 핵심이다.

3. 사람은 자신에게 꼭 필요한 것—사랑과 목적 의식—을 잃을까 봐 두려워하기 때문에, 격려의 말은 상대방을 용납하고 그 사람이 끼친 좋은 영향력을 인정해 주는 말이어야 한다.

12장
격려의 기술 1

진정으로 격려하는 사람이 되려면 반드시 극복해야 할 정말 현실적인 장애물들이 있다. 그중에 두 가지, 조작과 방어막에 대해서는 앞 장에서 이미 살펴보았다. 격려자가 되려면 먼저 다른 사람을 **이용하려는** 우리의 본능적인 동기를 파악하고 그것을 극복해야 한다.

우리의 동기가 항상 순수하지만은 않다는 것을 알면 자신이 가던 길을 멈추고 잠시 생각해 볼 사람들이 많을 것이다. 한 중년 여성과 대화를 나눈 적이 있다. 그녀는 자식이 둘 딸린 연상의 여인과 아들이 결혼하려 한다면서, 나더러 아들을 설득해서 마음을 바꾸게 해달라고 간청했다. 나는 그녀와 아들과의 관계를 깊이 검토했고, 그녀가 지난 15년 동안 아들의 직업 선택, 집과 자동차 구입, 데이트 등을 면밀히 조종해

왔음을 알게 되었다. 이제 그녀는 막다른 골목에 와 있었다. 가장 중요한 싸움, 바로 아들의 아내를 고르는 문제에서 아들에 대한 통제력을 완전히 상실했음을 깨달은 것이다. 상담 과정을 통해 내가 할 일은, 그녀가 아들의 수호신처럼 행동하기를 포기하고 그와는 전혀 다르게 엄마의 역할을 감당하도록 도와주는 일이었다.

그녀는 완강했고 분개했다. "저는 **전부 다** 그 아이를 위해서 그랬던 거예요." 그녀는 자신의 행동 저변에 깔린 조작적인 목표를 깨닫지 못했다. 왜곡된 사랑과 두려움, 질투에 근거한 자만심이 뒤섞여 눈이 멀었다. **관심**과 **통제**의 민감한 경계를 인식하기는 쉽지 않다. 조작이 사역처럼 보일 수 있다.

성공적인 격려자가 되는 것을 방해하는 두 번째 장애물은 자기보호적인 방어막 뒤에 숨어 사는 생활 습관이다. 방어막은 일종의 보호용 방패로서 안전감과 무가치함에 대한 두려움을 잠재우고 자신감을 한 겹 씌워 내보이는 것이다. 이런 방어막 덕택에 우리는 일정한 거리를 두고 편한 선에서 관계를 맺는다. 교회의 재담꾼, 심각한 신학자, 마지막 때를 외치는 열정가, 따스한 사교가, 수줍음 많은 샌님 등은 모두 보호막 뒤에 숨어 자신의 환경을 편안하게 통제하고 있다.

이 방어막 개념을 이해하는 것이 아주 중요하기 때문에, 자기 방어막의 기능이 확연히 드러나는 사례를 하나 들어 보

격려를 통한 영적 성장

겠다. 우리 딸 안나가 15개월일 때, 냉장고 받침대 커버를 빼내다가 손가락이 걸린 적이 있었다. 아이는 자기 잘못에 대한 주의를 얼른 딴 데로 돌리려고 활짝 웃으며 "안녕, 아빠! 안녕, 아빠!"라고 소리쳤다. 그러고는 깔깔 웃었다. 타고난 개그우먼이었을까? 아니다. 웃음이라는 방어막을 이용해서 불쾌한 결과를 지연 또는 감소시키는 성공적인 기법을 터득한, 본질상 자립적인 여자아이일 뿐이다. 그것 역시 켜켜이 방어막을 둘러싼 제 아빠한테서 배운 게 틀림없다. 그 아빠도 마땅찮은 결과를 피하고 싶어 하고 부족감에서 오는 두려움을 숨기려 하니 말이다. 내가 곧잘 쓰는 기법은 '허장성세'와 '고집스런 회피'라고 할 수 있다.

또 한 가지 내 개인의 예를 들겠다. 한 번은 우리 집 부엌 형광등이 나갔다. 첫째 날은 촛불을 켜고 저녁을 먹기로 했고, 그런대로 혁신적이고 낭만적인 대책 같았다. 하지만 그렇게 일주일이 지나자 아내는 촛불을 켜고 식사하는 기발한 생각에도 시들해졌다. 가히 이해할 만하다. 나는 형광등처럼 복잡한 기계에 대한 지식이 부족했음에도 불구하고, 용감히 형광등 전구를 새로 사서 갈아 끼우고 스위치를 올렸다. 여전히 캄캄했다. 「리더스 다이제스트」에서 나온 '간단한 집 수리 안내서'를 자세히 읽어 보니, 문제는 밸러스트(전류 안전 장치) 때문임을 알게 되었다. 그때까지만 해도 밸러스트는 선박 관련 용어로만 알고 있었다. 아내는 내가 허둥대는 걸 보자 이웃집 아저씨한테 물어보자고 상냥하게 제안했다. 그는 가히 '만능 수선공'이라 할 만한 사람이었다.

하지만 나는 아내의 제안에 콧방귀도 안 뀌었다. "이 정도는 할 수 있어. 나사못 몇 개만 바꾸면 될 것 같은데." 그 허장성세 방어막 때문에 나는 방향 제시, 충고, 상식을 무시했다. 몇 분 동안 못을 빼고, 잡아당기고, 흔들어서 드디어 밸러스트를 겨우 받침대에서 빼기는 했는데, 그만 연결된 전선들까지 와르르 딸려 나오고 불꽃이 팍팍 튀었다. 내 노력의 결과는 구부러진 전등과 튀어나온 전선들이었다.

그때부터는 고집스런 회피로 돌입했다. 참을성 많은 아내는 거의 6주를 더 기다렸다. 드디어 나는 다시 한번 그 전등에 도전했다. 그동안도 그 문제를 해결해 주마 하고 약속은 했지만, 아무런 행동도 하지 않았다. 그때 나의 목표는 쉬운 일 하나 제대로 못하는 부족한 사람이라는 감정을 회피하는 것이었다. 쓰라리지만 인정할 수밖에 없는 진실이다. 회피는 실패를 인정하는 고통에서 벗어나 안전감을 누리겠다는 의미다. 편안한 두 가지 방어막, 바로 허장성세와 회피는 노출을 피하고 자신감을 고집하겠다는 뜻이다.

내가 쓰는 가면은 당신이 쓰는 가면과는 다를지 모르지만, 어쨌든 누구나 남으로부터 자기를 보호하는 효과적인 전략들을 갖고 있다. 격려자는 보호막이 겹겹이 막아 주는 따스한 안전지대에서 떠나, 때로는 인위적인 보호막 없이 거절과 실패의 찬바람을 맞는 모험으로 나가야 한다. 그럴 때, 오로지 그 사람은 그리스도가 의의 옷으로 따스하게 감싸 주시는 것을 체험할 것이다. 방어막을 두르고 있을 때는 우리의 충족감에 의존한다. 그 방어막을 벗을 때만 주님의 보호하심을 신뢰한다.

우리가 상대방을 조작하려는 자연스러운 경향이 있음을 직시한다면, 사역 대신 조작을 조장하는 언어를 바꿀 수 있다. 우리는 또한 자기보호 뒤에 숨어서 관계를 맺는 게 훨씬 편한, 방어막으로 둘러싸인 존재임을 인정해야 한다. 그런 방어막을 의식할 때 그것을 던져 버릴 수 있다.

격려자는 잔인할 만큼 솔직하게 자신을 들여다보는 힘든 수고를 해야 한다. 그렇지 않으면 우리의 말은 방어막에서 나올 수밖에 없고, 조작적이며 파괴적이 된다. 우리는 생명을 주는 말로 다른 사람들을 격려해야 한다.

이번 장과 다음 장에서는 생명을 주는 격려의 언어를 개발하는 실제적인 기술들을 살펴볼 것이다. 그런 기술은 무엇이며, 왜 그런 기술을 배워야 하는가? 조작과 방어막 문제를 이해하고 극복하고자 한다면 이제 격려의 사역에 필요한 실제적인 기술을 배울 준비가 된 것이다.

격려자의 마음 자세

격려를 위한 대화 기술을 살펴보기 전에 한 가지 기억해야 할 사실이 있다. 격려는 좋은 말들을 적당히 섞어 상자에 넣고 근사하게 포장한 선물이 아니라는 사실이다. 당신이 누군가에게 힘든 문제를 이야기했는데 그 사람이 "당신을 위해서 기도할게요"라고 대답한 순간, 대화가 얼마나 무의미해졌는지를 경험한 적이 있을 것이다. 사실 기도는 주님과 연결되는 가장 중요한 끈이기 때문에, 그런 말에는 엄청난 위력이 실려야 한다. 그런데 왜 때로 그런 말들이 우리를 움직이지 못하는 것일까? 말이란 상대방과 얼마나 의미 있게 개입되어 있느냐에 따라 위력이 달라지기 때문이다.

격려를 하려면 다른 사람의 삶에 개입해야 한다. 주는 사람이 치러야 하는 희생의 대가를 생각하지 않고 주어야 한다. 이것이 바로 무조건적인 사랑이다. 이 말은 너무 식상해졌지만, 그래도 매우 깊고 역동적인 현실을 표현하는 말이다. 무조건적인 사랑은 세 단계 법칙, 또는 책이나 세미나를 통해 금방 얻어지는 감정이 아니다. 무조건적인 사랑은 부활하신 구세주의 능력 안에 살면서 일평생에 걸쳐 습득해야 하는 작업이다. 이 책은 말의 내용이 아니라 말하는 태도에 초점을 둔다. 따라서 격려의 기술을 다루면서 가장 먼저 살펴볼 점도 바로 격려자의 마음 자세다.

잠언은 우리의 말 속에서 우리의 태도가 드러나야 한다고 말한다. 다음 구절들은 말의 능력이 말하는 자의 성품에 근거함을 보여준다.

- 의인의 입은 생명의 샘이라도 악인의 입은 독을 머금었느니라(잠 10:11).
- 의인의 혀는 순은과 같거니와 악인의 마음은 가치가 적으니라(잠 10:20).
- 칼로 찌름같이 함부로 말하는 자가 있거니와 지혜로운 자의 혀는 양약 같으니라(잠 12:18).
- 온순한 혀는 곧 생명나무이지만 패역한 혀는 마음을 상하게 하느니라(잠 15:4).
- 죽고 사는 것이 혀의 힘에 달렸나니 혀를 쓰기 좋아하는 자는 혀의 열매를 먹으리라(잠 18:21).

격려자는 자신의 말이 사람을 치유 또는 파괴할 수 있는 엄청난 잠재력을 지녔음을 반드시 의식해야 한다. 말은 마치 예리한 칼과 같다. 각 사람은 그 칼을 강도의 칼로 쓸 것인지 외과 의사의 수술칼로 쓸 것인지 결정할 책임이 있다.

격려자는 자신의 말의 위력을 알고 믿음의 형제와 자매를 세우는 데 그 말을 사용해야 한다. 그것도 조심해서 사용해야 한다. 잠언은 격려자가 어떻게 말해야 하는지 세 가지 원칙을 가르쳐 준다.

원칙 1. 더디게 말하라(잠 12:18, 13:3, 17:27-28, 29:20). 연구 조사에 따르면 사람이 듣는 속도는 말하는 속도보다 세 배가 빠르다고 한다. 즉 우리는 몽상에 잠기고, 일주일 식단을 짜고, 좋아하는 음악을 흥얼거리는 와중에도 이웃 사람의 수다를 들을 수 있다는 것이다. 우리가 말하는 동안 상대방이 무슨 생각을 하는지 직접 들을 수 있다면 상당히 당혹스러울 것이다. "당신이 하는 말을 이해할 수 있을 만큼만 듣고, 그 다음에는 내가 할 말을 미리 생각해야겠군요." 이것은 듣는 태도가 아니다. 잠언 18:13은 말한다. "사연을 듣기 전에 대답하는 자는 미련하여 욕을 당하느니라." 격려자는 더디 말해야 한다. 그래야 상대방이 하는 말에 집중할 수 있고, 그 사람이 드러낸 문제에 적절하게 답변할 수 있다.

원칙 2. 당신이 하는 말에 민감하라. 격려자는 상대방의 성품과 그가 처한 환경에 적절한 말로 응수해야 한다. 언젠가 어느 시골 교회에서 설교를 마친 뒤에, 그 교회에서 존경은 받지만 약간 엄한 집사님 댁에서 저녁 식사를 하게 되었다. 그 집사님은 교회와 가정을 좀 더 엄격히 다스려야 한다는 주장을 장황하게 펼쳤고, 그 자리에 있던 사람들은 모두 겁먹고 긴장한 표정이었다. 그는 늘 말이 격하고 남들은 다 잘못됐다고 생각하는 사람이었기 때문이다.

식사가 끝난 뒤 그 집사님의 네 살 난 손녀딸이 여자 분들을 도와 식탁을 치우다가 그만 넘어지면서 '특별한 날에만 쓰는 귀한 그릇' 몇 개를 떨어뜨렸다. 이제 이 아이의 머리에 꾸지람의 철퇴가 내리치겠구나 싶어 나는 두려웠다. 그런데 놀랍게도, 이 늙은 신사는 얼른 손녀딸의 머리를 쓰다듬으며 울먹거리는 아이를 달래 주는 게 아닌가. 겁먹은 아이에게 민감하게 반응한 것이다. 혹독한 말을 했더라면 아이는 눈물을 뚝뚝 흘렸을 텐데, 그 집사님이 제때 아이를 제대로 보듬어 준 덕에 대재난을 막을 수 있었다.

이 사건에서 배울 수 있는 교훈은, 격려자는 민감해야 한다는 것이다. 격려자는 이렇게 자문해야 한다. "이 사람을 보듬어 주는 데 가장 좋은 말은 무엇일까? 이 상황에서 이 사람이 그리스도인으로 성장하는 데 도움을 주려면 어떻게 해야 할까?"

민감성을 키우려면, 올바른 상황 인식과 사람들이 달라진 환경에서 보통 느끼는 감정이 무엇인지에 대한 기본 지식이 있어야 한다. 나는 일에 실패한 사람을 상대할 때면 일보다 사람이 더 중요하다는 사실을 계속 상기한다. 그 실패한 사람에 대한 사려 깊은 관심이 내 말 속에서 전달되어야 한다. 그럴 때에만 그의 업적에 대한 부정적인 평가도 그에게 건설적인 비판으로 수용될 것이다. 이런 민감성이 드러나지 않으면 내 논지는 파괴적일 뿐이다.

원칙 3. 온유하게 말하라(잠 15:1, 4, 26:21). 부딪치는 말은 사랑이 아닌 다른 동기에서 나온다. 우리가 사는 공기 중에는 이런 소음이 가득하다. 많은 말들이 자신의 능력을 드러내고 성공을 과시하며, 다른 사람을 통제하고 자신의 명성을 높이려는 것들이다. 어떤 가족이 대화를 나누는 걸 들었는데, 그것은 좋은 대화가 아니라 마치 배구공을 주고받듯이 말이 수없이 왔다갔다 하는 대화였다. 대화의 주제는 여행이었는데 각자 자기 여행담 말하기에 여념이 없었다. 내가 왜 그랬는지 모르지만, 그들이 상대방의 말을 받아서 관심 있게 질문을 하지 않고, 바로 받아서 자기 할 말만 하는 횟수를 세어 보았다. 결국 스물여섯 번까지 세다가 포기했다. 그들의 말은 마치 공을 때리는 것과 같았다. 상대방의 말에는 전혀 관심이 없었다. 상냥한 언어는 참여와 관심을 드러내는 법이다. 반면에 이기적인 말은 주목을 받으려고만 한다. 그런 말은 대화를 촉진하기보다는 방해한다.

온유한 말이 반드시 부드러운 말은 아니다. 그보다는 **은 혜에 푹 잠긴 말**을 의미한다. 온유한 말은 마치 목자가 양떼를 가장 안전한 길로 인도하기 위해서 막대기로 부드럽지만 단호하게 치는 것과 비슷하다. 온유한 말은 우리가 보호막을 껴입을 필요가 없음을 확인시켜 주고, 그리하여 우리를 힘들게 하는 문제나 우리 마음을 사로잡는 기쁨을 마음껏 털어놓게 해준다. 온유함을 재는 척도는 말의 어조보다 말의 동기다.

최근에 우리는 몇 달 동안 못 본 친구와 시간을 보냈다. 일주일 동안 요트 여행을 하면서 함께 그리스도인의 성장에 관해 긴긴 대화를 나누었다. 웃음보도 터뜨리고 진지한 대화도 하면서, 함께 보내는 시간을 마음껏 누렸다. 그 여행이 끝날 무렵 나는 그 시간을 통해 내 영이 새 힘을 얻었음을 깨달았다. 그때 나눈 말들을 통해 주님과의 관계, 나를 향한 주님의 사랑, 그리고 주님을 섬기라는 부르심을 다시 한번 깊이 반추하게 되었다. 우리의 대화 속에는 서로를 향한 사랑과 관심이 가득했다. 우리의 말은 온유했다. 온유한 말은 방어막을 부드럽게 녹여, 우리로 하여금 그리스도 안에서 자신을 솔직하고 감사한 마음으로 들여다보게 해준다.

그러므로 격려자는 피상적인 대화 속에서도 온유한 말, 상대방의 성품과 상황을 잘 인식한 말을 해야 한다. 자신의 말이 친절함과 관심을 통해 상대방의 방어막을 뚫고 들어가기를 간절히 원해야 한다. 모든 그리스도인은 말을 온유하게 해야 한다. 더욱 많은 그리스도인들이 그래야 한다.

격려자가 되는 데 가장 큰 장애물은 아마 자기만족을 추구하는 성향일 것이다. 이것은 보편적이고 자연적인 성향이다. 심지어 가장 경건하다고 하는 사람도 과거 자기중심적이었던 삶으로 돌아갈 수 있다. **더디게, 민감하게, 온유하게** 말하려면 많은 노력이 필요하다.

격려를 방해하는 말

지금까지 우리는 격려하는 말의 세 가지 특성을 간단히 살펴보았다. 여기서 잠시 이 원칙에 반하는 몇 가지 언어 습관을 지적하는 것도 유익하리라는 생각이 든다. 때로 우리의 말은 아무렇지도 않게 급하고 무디고 매몰차게 나오는 경우가 있다. 격려를 방해하는 몇 가지 전형적인 유형을 살펴보자.

　1. **방어적 또는 해명조의 말**. 한 남편이 퇴근해서 집에 들어오니 가족들이 온통 TV에 빠져 있다. 아내가 잠시 눈길을 돌려 남편을 쳐다보더니 이렇게 한 마디 날린다. "퇴근이 도대체 몇 시예요? 저녁밥 다 식었어요." 그러면 남편의 반응은 다음 몇 가지 방법 중 하나일 것이다. (1)온 힘을 다해 자신을 보호한다. (2)최선의 방어는 공격이다. (3)목소리 큰 사람이 이긴다. 그는 상사가 퇴근 직전에 일을 한 보따리 맡긴데다가, 자동차 시동도 잘 안 걸렸고, 오는 길에 다리에서 교통사고가 났다고 해명할 것이다. "그리고 전화를 걸려고 보니 휴대폰 배터리가 방전되었더라구. 아무리 공중전화를 찾

아도 안 보이고. 또 공중전화를 찾으러 다니면 그만큼 더 늦잖아." 왜 그런 해명을 할까? 자신의 행동이 정당했음을 분명히 보여주고 화난 부인의 공격을 피하기 위해서다.

2. **사과**. 불평하는 사람에게 얼른 사과하는 것도 응수하는 방법 중 하나다.

"여보, 가게에 가기 전에 나한테 전화 한번 주지 그랬어요."

"미안해요, 여보."

얼른 사과를 해버리면 대화가 단절되고, 문제를 편하게 드러내어 서로 이해할 수 있는 기회도 차단된다.

3. **공격 또는 찌르는 말**. 요즘 시대는 비꼬고 조롱하고 비판하는 유머가 많다. 유명 개그맨들의 비꼬는 말, 무례한 농담은 많은 그리스도인들의 대화 방식에까지 영향을 미쳤다. 내가 상담했던 어느 남편은 집에 들어오면서 아내에게 이렇게 말했다고 한다. "그래, 우리 집 요리사가 오늘은 또 어디서 요리를 주문해 오셨나?…… 정말? 당신이 이걸 요리했다구? 어이구, 기적 연발이네요."

교회 모임에서도 찌르는 말을 경쟁적으로 주고받는 경우가 허다하다. 최근에 실직한 교우에게 "집사님, 실업자 수당은 제때 잘 나와요?"라고 묻는다. 또는 과체중인 교우에게 "요즘 다이어트 잘 되세요? 몸무게 좀 줄었어요?"라고 묻는다. 잔인한 농담은 상처가 된다.

4. **교정하기**. 격려에 역행하는 말 중에는 상대방이 느끼는 감정을 부정하는 말도 포함된다. 남편이 이렇게 말한다. "여보, 나 정말 불안해. 그 일을 잘 해낼 수 있을지 모르겠어."

그때 아내가 대답한다. "여보, 그렇게 불안해 할 일은 아니에요. 다 잘 될 거예요." 그러자 남편은 전혀 격려가 안되었는지 벌컥 화를 내고, 아내는 왜 자기 말이 도움이 안되는지 의아해 한다. 일단은 상대방의 감정을 수용해야 한다는 것을 모르는 것이다. 그 감정에 동반되는 생각과 행동은 차후에 교정이 필요할지 모른다. 그런 경우가 많은 것도 사실이다. 하지만 상대가 느끼는 감정은 그대로 인정해 주어야 한다.

5. **성급한 조언**. 사람이 자기 문제를 드러낼 때는 해결책보다도 일단은 이해받고 싶어 한다. 남편들은 아내가 왜 조언부터 해서 화를 돋우거나 상처를 주는지 의아해 한다. 사람들은 "난 그저 도와주고 싶을 뿐이야"라고 생각하며 상대방의 문제를 이해하기에 앞서 조언부터 한다.

내 아내는 처음으로 공식적인 강연을 준비하면서 매우 긴장하고 떨었다. 나는 아내에게 간단한 강의안을 만들라고 했고, 그 조언은 아내에게 도움이 되었다. 그러고는 적당한 성경 구절을 몇 개 아내에게 말해 주고 볼에 자상한 키스까지 해주었다. 그런데도 아내는 누그러지지 않았다. 사실 더 긴장

했다. 이제는 자신이 불안해 하는 걸 내가 뭐라고 할까 봐 걱정이 늘었다. 성급한 조언 때문에 진짜 문제를 놓친 것이다.

조언은—심지어 건전한 조언조차도—부정적으로 들릴 수 있다. 어떤 사람이 몇 시간 동안 운전을 하며 길을 헤매고 있다. 그때 옆자리에 앉은 친구가, 가까운 주유소에 들어가서 길을 물어보자고 제안한다. 그래도 그 말이 사랑과 선행을 격려하는 말로 들리지 않는 경우가 태반이다. 오히려 "이런 바보, 빨리 누구한테 물어서라도 문제를 해결해야지!"라는 의미로 들린다.

이러한 다섯 가지 경우는 기껏 감정을 표현한 사람에게 거절감을 줄 수 있는 많은 경우 중 몇 가지에 불과하다. 우리는 더디게, 민감하게, 온유하게 말하는 원칙을 깨뜨리는 온갖 잘못된 방법들을 주의해야 한다.

다음 장에서는 평범한 대화를 깊이 있는 격려의 시간으로 변화시킬 수 있는 구체적인 언어 기술들을 더 자세히 살펴보자.

적용을 위한 정리

격려자가 되려면, 첫째로 자신의 조작적인 방어막을 파악하고 사역에 목표를 두기로 결단해야 한다.

둘째로, 더디게 말하기, 자신의 필요와 문제를 드러낸 사람을 민감하게 대하기, 그리고 상대방의 두려움을 완화시키기 위해 온유하게 말하기를 훈련해야 한다.

다음으로는, 그들이 드러낸 것을 거부하는 느낌을 주는 언행을 피해야 한다. 변명, 사과, 공격, 교정 또는 성급한 조언을 하지 말아야 한다.

13장
격려의 기술 2

풍성하고 의미 있게 격려하는 법을 배우기는 그리 간단하지 않다. 우리가 진행하는 격려 세미나에 참석했던 한 친구는 이렇게 말했다. "나는 격려라는 것이 몇 가지 원칙만 배우면 쉽게 할 수 있는 것인 줄 알았어. 그런데 여기서는 공식을 가르쳐 주는 게 아니라 사람의 마음이 어떻게 돌아가는지와 같은 어려운 문제들을 생각하게 하는군. 더 어려운 건 내 마음 속이 어떤 상태인지 살피는 거야."

그 친구는 핵심을 파악했다. 이제 충분히 이해가 되었겠지만, 격려는 몇 가지 기술을 습득하는 것이 전부가 아니다. 격려는 자기 마음을 검토한 결과이며 다른 사람의 필요를 잘 분별하고 공감하는 민감함에서 나온다. "마음에 가득한 것을 입으로 말함이니라"(마 12:34). 겸손하고 사랑하는 마음에서 격려의 말이 나온다. 자신의 거짓된 마음에 무감각하고, 깨어지지 않은 교만한 마음에서 나오는 말은, 아무리 부드럽고 적절하게 말해도 절대 사람을 깊이 격려하지 못한다.

하지만 격려는 태도만으로 되는 것이 아니다. 특정한 기술이 필요하다. 의사소통에서 가장 중요한 것이 말이기 때문에, 말을 할 때는 의도가 제대로 전달되도록 말을 골라서 해야 한다. 이번 장에서는 마음의 동기가 올바르다는 전제 아래, 상대를 제대로 격려할 수 있는 몇 가지 언어 기술을 중점적으로 다루고자 한다.

다음 두 가지 사례는 내가 격려받은 경우와 낙심된 경우다. 간단한 예지만 우리 사이에 오고간 대화를 읽으면서, 사람을 격려하는 것과 낙심시키는 것이 무엇인지 생각해 보기 바란다.

우리 부부는 1년이 넘도록 요트 여행 계획에 몰두해 있었다. 몇몇 작은 휴가를 희생하고 푼돈까지 긁어모아 플로리다 서부에서 일주일 동안 요트 스쿨에 참여했다. 그 일주일 동안 우리 부부는 온전한 기쁨으로 충만했다. 둘만의 풍성한 시간과 즐거운 뱃놀이 등 하나님의 축복을 마음껏 누렸다. 오래 고대했던 보람이 있었다.

그렇게 일주일을 보내고 북풍한설이 몰아치는 북쪽 동네로 돌아왔다. 열대 낙원에서 눈 덮인 거리로 갑자기 돌아오는 것은 가히 문화 충격이었다. 나는 잃어버린 낙원 때문에 시무룩하거나 우울해 할 정도로 미숙하지는 않았지만, 두꺼운 코트를 걸치고 장갑을 끼고 출근하자니 정말 내키지 않았다. "그래도 항상 기뻐하자"라든가 "선한 싸움을 싸우자"는 말은 그 순간의 내게는 씨도 안 먹혔다. 나는 약간 울적해졌다.

내가 휴가에서 돌아온 뒤 직장에서 있었던 두 번의 대화를 잠깐 엿들어 보라.

프레드 얼굴이 좀 탄 것 같네.

댄 집사람이랑 일주일 동안 플로리다로 휴가를 다녀왔어. 날씨 정말 좋더군. 일주일 동안 요트를 타러 갔거든.

프레드 아주 호화판 인생이네? 우리보다 훨씬 근사한 시간을 보냈군. 어이구, 이제 어쩌지? 얼굴 태운 것도 곧 원상 복구될 텐데. (프레드가 일부러 빈정대며 웃는다.)

댄 그렇겠지. 그래도 한 번쯤은 부부 간에 그런 시간을 보내며 푹 쉴 만한 가치가 있는 것 같아. 휴우, 지겨운 일상으로 돌아오는 게 쉽지만은…….

프레드 지겹다구? 그래도 너는 잠시 떠나 있기라도 했잖아! 자자, 이제 같이 해야 할 일이나 생각하자구. 마감일이…….

나는 대화를 하기 전에는 약간 울적한 정도였는데, 그 대화 이후로는 꽤 울적해졌다. 할 일은 많은데 하기가 싫었다. 때로는 삶이 유쾌하지 못하다는 사실이 부쩍 와 닿았다. 왜 그랬을까? 프레드는 내 친구다. 보통 때는 나를 그렇게 함부로 대하지 않는다. 그 대화를 할 때도 특별한 앙심이나 화를 품었던 것 같지는 않다. 하지만 그의 말은 사람의 기를 꺾었다.

프레드는 자기 세계 속에 갇혀 있어서 자신의 말이 내게 어떤 영향을 끼칠지, 내가 어떤 느낌을 받을지 전혀 무감각했다. 내 감정을 전혀 인정하지 않고 오히려 뭉개 버렸다. 나를 이해해 주기보다는 꾸물거리는 행동을 조롱했다. 내가 마음을 잡을 수 있도록 격려해 주지 못했다. 그저 나의 책임만 일깨워 주었을 뿐이다.

두 번째 대화를 들어 보라.

제인 댄, 안녕하세요! 와, 얼굴 잘 그을렸네요. 언제 돌아왔어요?

댄 엊그제요.

제인 여행은 어땠어요? 좋았어요?

댄 근사했어요! 우리 부부한테 꼭 필요한 시간이었어요. 그래서인지 일상으로 돌아오는 게 쉽지 않네요. 따끈따끈한 곳에 있다가 이 추운 데로 오니까 말이에요.

제인 그럴 거예요! 언제 플로리다에 있었나 싶겠죠. 부인은 돌아오셔서 좀 어떠세요?

댄 나보다는 나은 것 같아요. 그 사람 일정도 바쁘게 돌아가지만, 그래도 나보다는 좀 여유가 있으니까요. 일주일 동안 완전히 해방되었다가 다시 여러 일들을 하려니까 정말 딴 세상 같네요.

제인 그럼, 이제 당신한테도 고민거리가 생긴 셈이네요.

댄 자랑할 일은 아니지만 그런 셈이죠.

제인 강의며 할 일들이 꽤 많은 편이죠?

댄 여행 기간 동안 우리 부부는 좋은 시간을 실컷 가졌어요. 그런데 여기서는 그런 시간을 갖기가 힘들거든요. 일 때문에 부부 간의 친밀감이 줄어들까 봐 좀 염려가 되는군요.

제인 그러니까 따뜻한 날씨 때문만은 아니군요.

댄 그렇죠. 이번 여행을 통해서 내 우선순위가 잘못되었다는 걸 깨닫게 되었는지도 몰라요. 또 그런 우를 범할까 봐 겁나는 거죠.

이 두 대화가 얼마나 대조적인가. 절대로 과장이 아니다. 정말 그런 일이 있었다. 제인은 나를 이해하려고 노력했다. 그녀는 다른 사람의 문제를 자기 문제보다 더 중요시했다. 자신의 필요보다 나의 필요에 맞춰 주었다. 그녀가 한 격려의 말 덕분에 나는 내가 정말로 힘들어 하는 것이 무엇지 제대로 찾을 수 있었다. 나의 진짜 문제가 무엇인지 좀 더 확실히 알게 되었고, 더욱 반듯하게 살아야겠다는 다짐을 했다. 제인은 나를 사랑과 선행에 힘쓰도록 북돋워 주었다.

제인은 어떤 식으로 그렇게 했는가? 그녀의 동기가 옳았다는 가정 아래(그녀의 사랑에서 출발해 내 두려움에 와 닿도록 말함으로써), 그녀의 어떤 점들이 나를 격려했을까?

그 대답은 두 가지 개념으로 말할 수 있으며, 이 장에서는 이 두 가지를 중점적으로 살펴볼 것이다. 다른 사람을 격려하는 사람은 (1)자신의 **비언어적 메시지**를 주의하고, (2)**네 가지 언어적 기술**을 개발한다.

비언어적 메시지

당신이 말하는 동안 벽만 뚫어져라 쳐다보는 사람과 대화해 본 적이 있는가? 당신은 어려움을 토로하는데 책상에서 종이만 뒤적거리는 사람은 또 어떤가? 또는 당신 아이가 아프다고 말하고 있는데, 손톱을 깎거나 반지를 빙글빙글 돌리는 사람은 어떤가? 이런 비언어적 행동은 분명한 메시지를 전달한다. "나는 당신의 말에 전혀 관심이 없으니까 빨리 좀 끝내 줄 수 없을까요?"

앞에 소개한 제인과의 대화는 글로 쓴 것이라 그녀의 비언어적 메시지는 보여줄 수가 없다. 하지만 그녀의 행동에서 나는 그녀가 내게 정말로 관심이 있음을 느낄 수 있었다. 이제 다섯 가지 간단한 제안을 통해 어떻게 제인이 비언어적인 의사소통을 했는지, 그리고 어떻게 하면 말 없이도 사람을 격려할 수 있는지 살펴보자.

1. **상대방 똑바로 쳐다보기**^{Squarely face}. 제인은 나를 똑바로 쳐다보았다. 사람을 똑바로 마주하지 않고 옆에 비스듬히 서는 자세는 "당신은 내 관심의 중심이 아닙니다"라는 의미다.

2. **편안한 자세로 상대방 바라보기**^{Openly face}. 팔짱을 낀다든지 다리를 꼬는 행동은 상대방과 거리감을 주고 친밀감을 방해한다. 나는 어떤 부인이 처음에는 팔짱을 끼고 있다가, 남편을 용납하는 법을 배워 가면서 차차 두 팔을 편하게 의자 옆으로 내려뜨리는 걸 본 적이 있다.

3. **몸을 앞으로 약간 기울이기**^{Lean forward}. 상대방 쪽으로 몸을 약간 기울인다. 몸이나 머리를 약간 앞으로 기울이는 자세는 당신이 상대에게 세심한 관심이 있음을 보여준다.

4. **눈 마주치기**^{Eye contact}. 무자비한 눈초리로 상대방을 노려본다든지, 아니면 또 다른 극단으로 상대방의 눈은 안 보고 다른 것만 쳐다본다든지 하면 안된다. 어떤 연구 조사에 따르면, 눈을 마주치는 시간과 관계의 친밀도는 정비례한다고 한다. 가장 일반적인 원칙, 말하는 쪽은 불편한 눈 맞추기를 피할 수도 있지만, 듣는 쪽은 일정하게 계속 눈을 맞추어

야 한다는 것이다.

5. **편안한 자세 취하기**Relax. 편안한 자세는 말하기는 쉽지만 행동은 어렵고, 또 억지로 강요할 수도 없는 문제다. 하지만 격려자는 상대방과 이야기하는 동안 의식적으로 편한 자세를 취할 필요가 있다. 자연스럽고 편안한 태도를 보이라. 당신이 추앙하는 사람을 흉내내려고 그 사람처럼 앉지 말라.

이 다섯 가지 원칙을 기억하기 쉽도록 영어의 첫 글자를 따서 SOLER로 기억하기 바란다.[1]

S : Squarely face(상대방 똑바로 쳐다보기)

O : Openly face(편안한 자세로 상대방 바라보기)

L : Lean forward(몸을 앞으로 약간 기울이기)

E : Eye contact(눈 마주치기)

R : Relax(편안한 자세 취하기)

이 외에도 좋은 비언어적 태도를 개발하려면 친구들에게 물어보는 방법이 있다. 사람들은 대체로 자신이 말할 때 어떤 자세인지 잘 모른다. 따라서 배우자나 친구에게 SOLER 개념에 입각해서 당신의 자세가 어떤지 물어보라. 상대방을 산만하게 하거나 불편하게 하는 습관은 없는지 의견을 들을 수 있다.

네 가지 언어적 기술

격려자는 다음의 네 가지 기술을 반드시 의식하고 있어야 한다. 이 기술은 좋은 동기를 대신하는 것이 아니라 잘 **표현해** 준다.

1. **반추하기**. 사람은 망각의 동물이다. 때로는 기억하고 싶은 것도 잊어버리고("자동차 열쇠를 어디 두었더라?"), 기억하고 싶지 않아서 잊어버리기도 한다("집사람이 나한테 뭐라고 말했는지 생각이 안 나"). 후자의 경우를 가리켜 선택적 무관심이라고 하는데, 불쾌한 것을 잊어버리고 싶은 욕구를 말한다.

우리는 대체로 상대방의 허물을 찾는 데는 귀신이지만, 자기 잘못은 쉽게 간과한다. 부부가 상담을 할 때도 (상담가가 계속 내버려 두면) 상대 배우자가 어떤 잘못을 저질렀는지 재연하는 데 엄청나게 시간을 허비한다. 짜증 나는 상대방의 행동은 꽤 잘 기억하는 편이다.

하지만 문제가 그렇게 되기까지 본인도 한몫했다는 사실은 잘 기억하지 못한다. 그 방면에는 전혀 관심이 없다. 우리의 잘못에 대해서는 선택적으로 무관심해서, 자신의 진짜 감정과 동기를 전혀 모르는 경우가 많다. 이것은 자연스러운 현상이다.

이럴 때 격려자는 때로 거울 역할을 해야 한다. 말하는 사람이 자신의 진정한 감정, 행동, 그리고 추구하는 바를 비추어 보도록 말이다. 그런 반추를 통해 우리의 선택적 기억력 체계(인간 죄성의 한 면을 멋지게 미화한 표현이지만)가 무시하는 점들을 관심 있게 살핌으로써 문제를 검토할 수 있다.

다음 두 가지 예를 보면, 말하는 사람이 간과하는 현실을 격려자가 어떻게 반추해 주는지 알 수 있다.

존 집사람은 어디를 제 시간에 간 적이 없어요. 교회는 물론이고 어떤 장소건 항상 늦어요. 그런 지가 벌써 몇 년째인지 몰라요!

빌 부인한테 무척 짜증이 나는가 보네요. 늦는 습관 때문에 화가 나는 것 같군요.

대화의 초점이 아내의 늦는 버릇에서 존의 짜증으로 전환되는 것을 주목하라. 이 전환이 중요하다. 아내의 늦는 버릇을 존이 어떻게 손쓸 수는 없지만, 자신의 태도는 어떻게든 다룰 수 있다. 반추를 통한 격려는 사랑과 선행을 더욱 힘쓰는 쪽으로 문제를 부각시킨다.

밥 학교를 왜 이렇게 오래 다녀야 하죠? 3년을 더 공부해야 졸업이라니. 그렇게 공부한 다음에는 뭘 하죠?

조앤 힘들게 공부하는 목적이 뭔지 갈등이구나?

여기서도 초점이 지겨운 학교 공부(바꿀 수 없는 현실)에서 목적에 대한 문제로 전환된다. 그리고 목적의 문제는 기도와 상담을 통해 해답을 얻을 수 있다. 반추하기는 문자 그대로 사람을 비추어 보게 해준다. 말하는 사람 자신에게 초점을 맞춤으로써 정말로 관심을 가져야 할 문제가 무엇인지 깨닫게 한다.

　2. **명확히 하기**. 효과적인 의사소통을 방해하는 가장 큰 장애물은 아마 상대방이 말하고자 하는 내용을 이미 다 알고 있다는 착각일 것이다. 실은 그렇지 않은데 말이다. 언어는 마치 다면체의 보석과 같다. 보석을 이리저리 돌려 빛에 비추어 볼 때마다 새로운 빛깔이 나타나듯이, 상대방이 한 말도 다각도로 생각할 때마다 새로운 의미가 드러난다.

　상대방의 말이 어떤 의미인지 충분히 이해하기 위해서는 그 말을 다양한 각도에서 충분히 새겨 의미를 명확히 하는 기술이 필요하다. 실제로 이 기술은 황당하리만큼 너무도 간단하다. 그래서 충분히 활용이 안되는지도 모른다. 이 기술은 상대방에게 그의 말이 무슨 의미인지 다시 물어보거나, 아니면 당신이 이해한 내용을 상대방에게 말로 표현해서 정말 그런 의미였는지를 물어보는 방법이다. 핵심은, 상대방의 말을 지레짐작하지 말고 확인하라는 것이다.

> **토니** 세금 보고는 정말 귀찮아. 짜증 나 죽겠어.
>
> **샐리** 여보, 뭐가 문제인데요?

샐리는 토니의 말의 의미를 명확히 하는 것이다. 그럼으로써 대화가 좀 더 진행된다. 만약 샐리가 대화에 벽을 쌓으려 했다면, 위와 같이 명확히 하는 언어 대신 이렇게 말했을 것이다. "아니, 그걸 4월까지 미뤘잖아요. 미리 해놓았어야지." 또는 좀 더 부드러운 표현으로 "당신은 잘 할 수 있어요"라고 말할 것이다.

명확히 하기는 상대방이 자기 내면에서 일어나는 감정을 좀 더 분명히 표현하도록 격려한다. 문제를 명확히 알면 해결책도 훨씬 쉽게 찾는다. 격려의 최종 목표는 상대방이 그리스도와 동행하는 삶으로 나아가게 하는 것임을 기억하라. 문제를 명확히 함으로 더 성경적인 해결책에 근접할 수 있다.

3. **탐색하기.** 반추하기와 명확히 하기는 대화의 문을 열어 주지만, 때로 상대방이 우리가 열어 놓은 대화의 문에서 점잖게 뒷걸음치는 경우가 있다. 또 어떤 때는 그들의 느낌이나 생각을 조금 더 드러내기도 한다.

상대방이 기꺼이 자기 이야기를 더 드러낼 때는, 격려자는

격려를 통한 영적 성장

은근히 그 기회를 포착해서 문제를 좀 더 세밀하게 탐색해 성경적인 접근이 필요한 부분이 있는지 확인한다. 단답형 질문보다는 설명식으로 대답할 수 있는 질문을 통해 더 탐색해 보라. 예를 들면 "그때 화가 많이 나던가요?"라는 질문보다는 "그 일이 일어났을 때 기분이 어땠어요?"라는 표현이 더 많은 이야기를 끌어낼 수 있다. 앞의 실례로 다시 돌아가 보자.

존 집사람은 어디를 제시간에 간 적이 없어요. 교회는 물론이고 어떤 장소건 항상 늦어요. 그런 지가 벌써 몇 년째인지 몰라요!

빌 부인한테 무척 짜증이 나는가 보네요. 늦는 습관 때문에 화가 나는 것 같군요. (반추하기)

존 예, 그래요. 정말 화날 때가 있어요.

빌 본인이 화가 났다는 걸 어떤 식으로 부인에게 표현하나요? (명확히 하기)

존 아, 그렇다고 절대로 집사람을 때리지는 않아요. 그런 억측은 하지 마세요. 그냥 벌컥 화를 내죠. 가끔은 정말 화가 많이 나요.

빌 부인한테 그렇게 소리를 지르고 나면 어떻게 되나요? 당신이 왜 화가 났는지 부인이 이해를 하나요? (탐색하기)

이제 빌은 탐색을 한다. 존이 부인에게 그런 식으로 행동하면 어떤 영향이 있을지 더 깊이 생각하게 해준다. 존은 빌이 열어 놓은 대화의 문을 통해 자신의 분노를 어떻게 처리하는지를 인정했다. 존의 동기와 행동에 관해 상세히 이야기할 수 있는 장이 펼쳐지면서, 존이 잘못을 깨닫고 회개하고 고칠 기회가 될 수 있다.

격려에서 가장 중심되는 과정은 탐색하기다. 오늘날 영적인 자기 성찰을 할 수 있는 역량을 잃은 그리스도인들이 정말 많다. 모든 그리스도인은 우리가 **왜** 특정한 행동을 하며, 실제로 우리가 **어떤** 행동을 해야 마땅한지 진지하게 생각해야 한다. 무책임한 행동 저변에 숨은 잘못된 동기는 반드시 조명을 받아야 교정될 수 있다. 탐색하기는 영적 성장을 가로막는 숨겨진 문제를 좀 더 찾아내는 과정이다.

4. **친밀한 상호 관계.** 반추하기, 명확히 하기, 탐색하기까지는 대화가 좀 불편하게 진행될 수도 있다. 우리가 격려하려는 상대방은 발가벗겨지고 수치심을 느낄지도 모른다. 아담처럼 숨을 곳을 찾을 수도 있다.

격려자도 점점 개인적인 이야기로 들어가면서 어색함을 느낄 수 있다. 이쯤에서 양쪽 다 미묘한 방식으로, 다시 편하게 거리를 두고 점잖게 방어막을 두르고 싶어질 수도 있다. "참, 그런데 어제 저녁 TV에서 축구 중계 보셨어요?"라거나

"인생에 갈등이 없을 수 없지요. 빨리 천국으로 가고 싶어요. 마음의 준비는 다 됐어요" 하는 식으로 말이다.

상대방이 반추하기를 잘 따라 주고, 자신이 한 말의 의미도 다시 한번 명확하게 정리해 주었으며, 힘든 상황을 자세히 탐색하는 데도 잘 부응했다면, 이제는 싹트기 시작한 친밀감을 본격적으로 발전시킬 때다. 풍성한 격려의 기회를 절대 놓쳐서는 안된다. 용기를 내라. 현재까지 이해한 바를 말로 표현해 보라.

"존, 우리가 상당히 개인적인 이야기를 나누었네요. 당신이 말해 준 문제는 깊이 생각해 볼 만한 중요한 사안인 것 같군요. 제 말이 얼마나 도움이 될지는 모르지만, 그래도 부인과의 문제에 대해 같이 이야기를 나누고 싶네요. 당신의 개인적인 문제에 내 생각을 강요할 마음은 추호도 없지만, 그래도 혹시 도움이 된다면 이야기를 좀 더 나누고 싶군요."

이제 두 사람의 관계는 방어막을 뚫고 핵심으로 파고든다. 세심한 경청과 사랑, 조심스러운 조언, 참을성 있게 받아 주는 태도, 부드러우면서도 단호한 꾸지람 등 격려자가 사랑에서 출발해 상대방의 방어막에 가닿는 말을 해줄 시점이다.

다음 단계는 핵심 문제를 분별하고 성경적인 치유책을 제시하는 과정으로서, 여기에는 격려 이상의 기술이 요구된다. 다음 장에서는 격려 이상을 필요로 하는 더 깊은 단계의 상담에 관해 살펴보자.

적용을 위한 정리

말을 듣는 입장에서는 비언어적 메시지를 통해 지속적이고 분명한 관심을 드러내야 한다. 긍정적인 비언어적 메시지를 전할 때는 SOLER라는 약자를 기억하도록 하자.

Squarely face(상대방 똑바로 쳐다보기)

Openly face(편안한 자세로 상대방 바라보기)

Lean forward(몸을 앞으로 약간 기울이기)

Eye contact(눈 마주치기)

Relax(편안한 자세 취하기)

언어적 기술은 수용적인 관계 속에서 상대방의 진정한 생각과 동기가 명확하게 드러나도록 좀 더 깊은 대화의 문을 열어 주어야 한다. 이것이 바로 노출하되 거절당하지 않는 격려의 기본 개념이다. 이 점에서 습득해야 할 네 가지 중요한 기술이 있는데, 그것은 반추하기, 명확히 하기, 탐색하기, 친밀한 상호 관계다.

14장
지역 교회
_ 회복의 공동체

손상된 것을 원상태로 회복하는 일은 뿌듯한 만족감을 준다. 간단한 예를 들면 거칠고 많이 긁힌 의자의 표면을 새로 손질한다든지, 더러운 차를 세차한다든지, 어질러진 차고를 정리하는 일도 무언가를 회복하는 일이며, 이런 일을 하고 나면 기분이 상당히 좋아진다. 이 기쁨은 주로 회복하는 **작업**보다는 회복에 **동참한다는 의식**에 더 많이 기인한다. 일 자체는 힘들고 지겹고 어려울 수 있다. 하지만 무언가 좋지 않은 상태에서 좋은 상태로 회복된 것을 바라보면서 그 과정에 자신이 동참했음을 알 때, 그 수고가 가치 있다.

교회는 회복의 사역에 열심히 참여해야 한다. 성도들이 좀 더 높은 수준으로 그리스도를 닮아 가고 성장하도록 힘껏 도와야 한다. 이 일이 쉽지는 않다. 죄가 우리의 삶을 너무도 철저히 파괴해 버렸기 때문에 회복의 수고는 무척 어렵다. 사람은 안팎으로 철저히 회복되어야 한다. 우리를 부패시키는 죄의 흔적이 인간성 구석구석 안 미친 데가 없다. 우리의 동기, 정서, 생각, 선택, 행동, 신념, 열망 등 인간의 삶은 전면적으로 죄에 얼룩져 있다.

예수 그리스도는 타락한 피조 세계를 원래의 영광으로 회복시키려고 이 땅에 오셨다. 그리고 그 사역을 온전히 이루신다. 적극적 사고방식을 통해서 성공 철학을 장려하고 자존감을 세우는 데만 관심 있는 교회는 공동체의 모양새만 갖추기가 쉽다. 다들 웃음 띤 얼굴에 선해 보이고, 교회에 열심히 출석하고 결혼 생활도 그럭저럭 유지해 나갈지 모른다. 하지만 그것으로는 불충분하다. 하나님은 그분께 절대적으로 헌신된 사람들을 원하신다. 하나님을 향한 예배를 인생의 최대 특권이요 의무로 여기는 사람들을 원하신다. 하나님을 아는 지식이 차고 넘쳐서 하나님을 기쁨으로 섬기며 살고자 하는 사람들을 원하신다.

이것이 회복의 사역이다. 근본적으로 자기중심적이고 믿지 못하며 두려워하는 사람을 철저히 그리스도 중심적이고 신뢰하며 담대한 사람이 되게 하는 일이다. 하나님은 회복을 위해 가정과 교회를 일차적 대리인으로 임명하셨다. 남편과 아내는 서로 관계 맺는 모습을 통해 그리스도와 교회와의 관계를 드러내야 한다. 남편은 사랑과 능력으로 이끌고 아내는 신뢰와 자족으로 순종하는 관계 말이다. 부모는 자녀에게 하나님의 진리를 가르치고 자녀가 진리를 거스를 때는 훈육하되, 무엇보다도 그들을 조건 없이 사랑해야 한다. 자녀는 권위를 인정하고 기꺼이 순종할 때 누리는 유익과 기쁨을 배워야 한다. 이것이 가정에서 이루어져야 할 회복의 기본이다.

그렇다면 교회는 어떠해야 하는가? 신자들이 모이는 지역 교회는 그리스도를 닮은 성품을 회복하기 위해 어떻게 해야 하는가? 어떻게 하면 신자들의 지혜와 도덕적 확신, 그리고 옳은 일을 하겠다는 결단을 다져 주는 성장을 도모할 수 있겠는가?

이 마지막 장에서는 어떻게 하면 교회가 성공적인 회복의 공동체가 될 수 있는지 하나의 계획안—시험과 검증을 통과한 공식은 아니다—을 제시하고자 한다. 하나님과의 관계 속에서 꾸준히 지속적으로 삶의 변화를 느낄 수 있는 공동체 말이다.

내가 제시하는 모델이 효과를 발휘하려면, 교회가 이미 올바른 방향으로 가고 있어야 한다. 그런 교회는 다음 사항들을 강조하는 교회이어야 한다. (1)예배의 중요성과 가치, (2)하나님의 말씀을 가르치는 사역, (3)제자됨의 근본적인 의미, (4)기독 공동체의 중요성과 독특성. **하나님을 향한 예**

배보다 **하나님을 위한 섬김**을 부각시키는 교회들이 너무 많다. 그 결과 봉사는 많이 하는데 깊이가 없다. 어떤 교회는 말씀을 가르치는 대신 흥미와 영감과 도전을 주는 성경적인 주제 토론만 하기도 한다. 제자 훈련도 절대적 의탁에 따르는 대가를 가르치기보다는 그저 해도 되는 행동과 안되는 행동을 가르치는 수준으로 전락한다. 성도의 교제만 해도 어둠의 자식들끼리도 얼마든지 할 수 있는 대화 내용에 기독교 냄새만 살짝 풍기는 경우가 너무나 많다.

교회는 먼저 예배와 가르침, 제자 훈련과 교제의 필요성을 명확히 인식해야 한다. 그 점이 강조되어야만 자연스럽게 전도와 영적인 은사 개발이 이루어진다. 먼저 예배와 가르침, 제자 훈련과 교제를 줄기차게 강조하지 않으면 아무리 전도 프로그램을 개발하고 은사별 사역을 장려해도 그 효과를 충분히 누리기 어렵다. 위의 네 가지를 먼저 강조할 때, 전도에도 불이 붙고 사역도 성공적으로 이루어질 것이다.

내가 앞에서 말한 모델은, 이렇게 사람들을 회복하는 일에 이미 적극적으로 발을 들여 놓은 교회들에 소개하고 싶다. 그 교회들이 보다 성공적인 회복의 공동체가 되도록 돕고 싶다. 내가 제시할 모델은 지역 교회의 자연스러운 생활속에 상담 사역을 병합시키는 것이다.

나는 상담을 교회의 **자연스러운** 섬김의 한 부분으로 보는 것이 중요하다고 생각한다. 여기서 말하는 '지역 교회에서의 상담'이란, 전문 교육을 받은 기독 상담가를 영입해서 교회 건물 안에 따로 상담실을 마련해 주는 형태의 상담을 의미하지 **않는다.** 물론 교회가 정말로 성경적인 상담가를 영입해서 얻을 수 있는 유익은 많다. 하지만 교회가 필요로 하는 상담을 전문가 혼자 다 처리할 수 있다고 생각하면 엄청난 오산이다.

상담은 치과나 병원과는 다른 직업 영역이다. 상담을 교회의 중점 프로그램이 아닌 부가적 사역, 그래서 프로그램과는 따로 돌아가는 부수적인 일로 보면 **안된다.** 상담 사역은 교회 생활의 주류에서 필수적인(중심일 필요는 없지만) 부분으로 보아야 한다. 상담을 심리학자나 심리치료사가 전담하는 직업적인 영역으로 보지 말고 교회 사역의 수단으로 삼아, 이를 통해 신자는 성장하고 불신자는 복음을 들을 수 있게 해야 한다.

내가 주장한 대로 상담이 기본적으로 성경의 진리를 개인의 삶에 기술적으로 적용하는 방법이라면, 상담은 당연히 교회에 속한 영역이다. 상담을 교회 내의 사역으로 본다고 해서 교회의 핵심인 예배와 가르침, 제자 훈련과 교제를 경시하자는 것이 아니다. 이 핵심 사역에서 상담 사역으로 교회의 초점이 옮겨지면, 교회는 '무명의 노이로제 환자 모임'이 되기 쉽다.

그러나 기본에는 강하지만 성도의 필요를 채워 주는 데 있어서 상담이라는 자원을 무시하는 교회는 메마르고 학문적으로 치우치거나, 아니면 신학적으로 너무 높은 수준에만 머물러서 인간의 필요에 맞는 진리의 **적실성**relevance을 흐릴 수 있다.

따라서 교회의 리더들은 (1)회중들이 예배와 성경공부에 참여하고 자신의 영적 성장에 관심을 갖고 있는지, (2)복음 전도와 은사를 발휘할 수 있는 기회가 있고, 필요할 때 도움을 얻을 수 있는 자원이 있는지, (3)상담 사역의 가능성을 면밀히 연구하고 있는지를 점검해야 한다. 나는 교회가 회복의 공동체가 되도록 돕기 위해, 지역 교회의 자연적인 생활 속에 상담을 도입하기 원한다. 그러려면 어떻게 해야 할까? 여기서 3단계 모델을 살펴보자.

1단계 상담_ 격려

하나님을 예배하고 성경을 공부하며 제자 훈련을 받거나 또는 제자 훈련을 시키고 성도들과 교제를 누리는 그리스도인들은 격려의 사역을 잘할 수 있다. 격려는 은사 있는 소수만 하는 사역이 아니다. 격려는 모든 신자의 특권이다. 모든 그리스도인은 격려자가 될 수 있고 또 되어야 한다.

심각한 어려움으로 발전할 많은 문제들(이혼, 외도, 또는 세상과의 타협 등)이 격려자의 세심한 관심으로 조기에 해결될 수 있다. 의미 있는 격려가 있었더라면 엄청나게 많은 상담 시간을 요하는 심각한 문제로 발전되지 않았을 갈등도 있다. 교회에 상담 사역을 도입하려는 리더들은 상담가 몇 명을 배치하는 것으로 교인들의 필요가 해결되리라고 생각하면 안 된다. 그보다는 교우들이 격려의 사역에서 무엇을 할 수 있는지 확실히 가르치고 훈련시켜야 한다.

상대방의 방어막을 찾아내고, 대화의 문을 열며, 두려움을 완화시킬 수 있는 방법을 모든 성도에게 가르친다고 가정해 보자. 목사는 신약성경에 나오는 "서로 사랑하라"는 개념에 대해 1년에 한 번씩 연속 설교를 할 수 있을 것이다. 때로는 토요일에 워크샵을 열거나, 저녁예배 시간을 이용해 대화의 문을 열고 두려움을 감소시키는 대화 방법의 실제 등을 강의할 수도 있다. 소그룹 성경공부 시간에는 구성원들이 격려에 대해 토의하고 자신에게 격려가 되었던 사례들을 함께 나눌 수도 있다.

이 책에 나오는 주제를 다룬 책들을 성경공부 시간이나 또는 상담에 관한 스터디 모임에서 교재로 활용해도 좋을 것이다.[1] 이 책에서 다룬 주제를 30분짜리 비디오테이프 13개에 담아 시리즈로 제작한 교재도 대여할 수 있다.[2] 이 외에도 교회의 격려 사역에 특별한 관심이 있는 사람은 그리스도인들이 서로 효과적으로 격려하도록 돕는 데 필요한 자료와 전략을 나름대로 개발할 수 있다.

교회에서는 격려의 중요성과 방법만 강조할 것이 아니라, 사람들이 따스한 소속감을 느낄 수 있도록 가볍고 화기애애한 교제의 기회도 마련해야 한다. 요즘 너무 많은 교회들이 나눔의 시간, 치유 집회, 쓰라린 고백의 시간 등에만 몰두하고 함께 놀러가기, 식사하기, 연극의 밤 같은 행사는 소홀히 한다. 우리는 사람들이 그저 한판 신나게 즐길 수 있는 분위기를 조성할 필요가 있다. 그리스도인들의 모임이 매번 '무거운' 행사로만 일관되면 안된다.

교회가 격려하는 공동체의 비전을 꿈꾸며 교우들을 훈련하여 교우들이 격려를 목적으로 서로의 삶에 더욱 개입할 수 있게 되면, 하나님의 진리의 말씀이 뿌리내리기에 더욱 좋은 비옥한 토양이 준비된 것이다.

하지만 한 가지 경고할 것이 있다. 교회가 이 비전을 깨닫고 열광하다 보면 기대가 비현실적으로 높아지는 경우가 있다. 서글픈 사실이지만, 격려를 아예 시도조차 하지 않는 사람들이 있다. 그런가 하면 격려에 중독이 되어 매사에 기회를 엿보다가 틈만 보이면 비집고 들어와 참견하는 사람도 있다. 다른 사람에게는 적절한 격려의 말을 성실하게 잘해 주는데, 정작 자기 문제는 해결하지 못하는 사람도 생긴다. 그러다 보면 격려 사역에 대한 열정도 식어 버린다.

일부 제대로 따라오는 사람들도 있을 것이다. 교회 내에서 격려의 분위기를 조성하는 것은 오래 걸리고 눈에 잘 안 띄는 과정이다. 하지만 지칠 때도 실망하지 않고 성실하게 열심히 하다 보면 보상이 있을 것이다. 그리스도인의 삶은 100미터 달리기가 아니라 거친 길을 헤쳐나가는 마라톤 경주다. 성공하려면 처음에 빠른 속도로 출발하는 것보다("격려에 관한 세미나를 개최합시다!") 꾸준히 지속적으로 속도를 유지하는 것이 더 중요하다. 우리는 교회 생활 속에 격려의 사역을 정립할 때 낙심하지 말아야 한다.

2단계 상담_ 권고

상담이 교회 안에서 사역으로서의 영향력을 발휘하려면 격려를 통한 상담 수준을 넘어서야 한다. 격려는 출발점으로서 꼭 필요하지만, 격려로 모든 것을 충분히 아우르기에는 역부족이다. 무언가가 더 필요하다.

교회에서 몇 사람 정도는(대략 교우 75명에서 100명당 한 명 꼴로) 확실한 문제가 있는 사람들을 돕기 위해 구체적인 전략을 배울 필요가 있다. 대화의 어려움이나 성적인 문제를 겪는 부부, 자녀 양육에 혼란을 겪는 부모, 결혼을 고려 중인 청년들, 특별한 원인 없이 우울증에 시달리는 중년 남성 등에게 성경적 상담을 통해 문제를 해결하고 유익을 줄 수 있다.

격려 사역에 특별히 관심 있는 그리스도인 모임을 구성해서 어떻게 사람들을 도울 수 있는지 함께 논의하는 시간을 가져도 좋을 것이다. 서로의 체험을 나누다 보면 어려운 사람들을 돕고 싶은 비전이 더욱 강해진다. 가상 사례와 실제 사례를 들어 평가해 보아도 좋다. "문제의 근원은 무엇인가? 그 점에 대해 성경은 무엇이라고 말하는가? 적용 가능한 해결책은 무엇인가?" 또 역할극 형식으로 곤경에 빠진 사람과 상담가를 정해 가상 대화를 나누면서, 성경적인 해결책을 적용하려면 어떤 식으로 말하는 것이 좋은지도 시도해 볼 수 있다.

단순히 지원자 10명을 선정해서 상담 프로그램에 등록하고 훈련시킨 다음, 교회에 광고하고 사역을 개시하는 방법은 잘못된 것이다. 보다 현명한 방법은, 교회가 격려 사역을 지속적으로 강조하면서 그 사역에 재능이 보이는 사람들을 뽑아 추가적인 훈련 기회를 제공하고, 그들이 일상적인 관계에서 자연스럽게 생기는 기회를 활용해 상담 사역을 하게 하는 것이다. 그렇게 한두 해 지내다 보면 하나님이 상담 사역에 특별한 은사를 주신 사람들이 표면에 드러날 것이다. 그렇게 검증된 상담가들을 좀 더 활용하는 것이 좋겠다고 판단될 때, 보다 공식적인 상담 사역을 정착시키면 된다.

2단계 수준의 상담가가 되고 싶은 사람들에게 큰 도움이 될 만한 훈련 교재나 세미나들이 점점 더 많아지고 있다. 제이 아담스Jay Adams 박사는 이 방면에 유익한 책들을 많이 저술했고, 실제로 세미나도 열고 녹화 테이프도 제작했다. 또 상담 훈련 프로그램의 기본축으로 내가 저술한 교재들을 사용하는 교회도 점점 많아지고 있다.[3] 기독교 상담 센터Institute of Biblical Counselling에서는 특별히 2단계 상담가를 위해 마련한 35시간 짜리 세미나를 여러 지역에서 개최한다.[4]

이 훈련 프로그램은 상담가가 사람들의 불평 뒤에 숨은 핵심 문제를 분별해서 실제적이고 적용 가능한 성경적 해결책을 제시하도록 교육시킨다. 여기서 또 한 번 경고를 해야겠다. 2단계 세미나에 참석하는 사람 10명 중에 6-7명은 이쯤에서 그만두거나 이 사역에 부적합함이 드러날 것이다. 무엇보다 중요한 것은, 이 과정을 잘 견디는 사람들을 예의주시하고 특별히 이 사역에 재능을 보이는 사람들을 세심하게 살펴 발굴하는 것이다.

2단계 수준의 상담가들은 오로지 이 사역만 할 필요는 없지만 다른 사역보다 분명히 **우선순위**에 두는 것은 중요하다. 상대방의 구체적인 문제를 성경적 진리로 조명하는 일은 때로 매우 힘겹다. 하지만 상담의 가치는 상담을 통해 개선된 사람이 몇 퍼센트인가로 평가하면 안된다. 그보다는 상처 입은 사람에게 성경적인 통찰력과 시각으로 다가갈 수 있었던 기회 자체로 상담의 가치를 평가해야 한다. 때로 상당히 낙심될 수도 있는 이 사역에 철저히 우선순위를 두어야 한다.

3단계 상담_ 계몽

이 모델을 제안하는 데는 너무도 분명한 장애물이 있다. 1단계와 2단계 상담은 바람직하기도 하고 또 가장 중요한 부분이기도 하다. 하지만 누가 그런 훈련을 시켜 줄 것인가? 세미나, 관련 서적, 그리고 테이프로 듣는 강의도 좋은 교육 수단이지만, 실제로 얼굴을 맞대고 배울 수 있는 교사가 꼭 필요하다.

각 교회에는 상담을 본업으로 여기고 1단계와 2단계 상담 과정을 훈련시켜 줄 수 있는, 교육과 경험이 구비된 사람이 필요하다. 이 사람은 격려나 권고 단계에서 제대로 해결할 수 없을 만큼 복잡하게 꼬인 개인 문제를 다룰 수 있어야 한다. 분별력과 지혜로서, 두려움 많은 사람들이 꽉 움켜쥐고 있는 잘못된 생각들을 잘 풀어내어 그들을 자유하게 해줄 수 있어야 한다. 이 사역은 **격려**와 **권고**를 넘어서서 계몽까지 포괄하며, 이런 사람을 3단계 상담가라고 한다.

3단계 상담가가 될 수 있는 훈련 프로그램은 주로 기독교 학교에 마련되어 있다. 여러 신학대학에 상담학 석사 과정이 개설되어 있다. 하지만 목회 상담은 상대적으로 가벼운 문제들을 다루고, 보다 심각한 문제는 심리치료를 받아야 한다고 주장하는 사람들도 있다. 목회 상담은 내가 사용한 용어로 볼 때 대략 2단계 상담에 해당된다. 3단계 상담은 약물 치료를 동반하지 않는 심리 치료를 **대체하는** 상담이다.

석사 과정의 강도 높은 훈련이라면 3단계 상담가를 배출하기에 충분하다는 확신을 가지고, 그레이스 신학대학원Grace Theological Seminary에서는 기독교 상담학 석사 과정을 개설했다. 그 목적은 3단계 상담가에게 필요한 자질을 훈련시키는 데 있다. 그 자질에는 다음 사항들이 포함된다.

- 지역 교회의 상담 사역에 필요한 개념적·행정적 차원의 전반적인 방향 제시
- 1단계 상담(격려)을 위한 워크샵과 강의 계획 및 진행
- 2단계 상담가(권고)를 선별하고 훈련하기
- 2단계 상담가 감독 관리
- 보다 어려운 사례를 책임지고 상담하기

상담 모델은 이렇게 3단계로 분류할 수 있다. (1)사람들의

감추어진 두려움을 민감하게 다룸으로 격려하기, (2)사람들의 문제에 대해 성경적 해결책을 구체적으로 제시함으로 권고하기, (3)사람들의 삶이 왜 그렇게 무질서해졌는지 이해시키고 그들이 삶 속에서 깊은 변화를 이끌어낼 수 있도록 계몽하기.

이 모델들을 설명하기는 쉽지만 실행하기는 쉽지 않다. 다양한 영역에서 문제가 발생할 수 있다. 사람들에게 격려의 사역을 계속 장려하는 일도 만만치 않고, 2단계 상담가들을 훈련시키고 관리하는 일도 쉽지 않다. 상담에 관해 가르치고 행정적인 일들을 수행하며 어려운 상담도 감당할 수 있는 3단계 상담가를 발굴하는 일도 어려움이 많다. 교회의 다른 활동과 경쟁 관계가 아니라 보완 관계로 협력할 상담 사역을 개발하는 것이 최우선 과제이며, 교회 리더들이 성경적 상담의 정확한 개념을 숙지하는 것도 매우 중요하다. 상담이 교회 안에서 의미 있는 사역으로 자리 잡으려면 이 외에도 장애물이 산재해 있다. 하지만 이런 장애물들은 반드시 뛰어넘어야 한다.

첫 출발은 격려에 초점을 맞추는 것이 좋다. 사람은 누구나 상처가 있고, 마음 깊은 곳에 두려움이 숨어 있다. 안 그런 척하고, 감추고, 가면을 쓰고, 아늑한 방어막으로 자신을 두르지만, 그 대가로 생명력 있는 성도의 교제가 희생당한다.

격려를 통한 영적 성장

서로 거리를 둠으로써 상처받지 않고 자신을 보호할 수는 있지만, 그로 인해 격려 또한 차단된다.

오직 사랑만이 두려움을 해결할 수 있다. 그리고 우리의 두려움을 철저히 잠재울 수 있는 사랑은 오로지 하나님의 완전한 사랑밖에 없다. 사랑이 우리의 방어막을 뚫고 들어올 때, 그리스도의 보혈을 통해 우리에게 주어진 전율스러운 무조건적 사랑을 깨달을 때, 두려움이 사라지고 새로운 갈망이 용솟음친다, 주님을 따르고 싶은 갈망이!

완벽한 사랑은 오직 하나님만이 하시지만, 우리도 그 사랑의 사역을 공유할 수 있다. 다음의 조건들만 충족된다면, 우리의 말이 사람들의 삶에 엄청난 위력을 발휘할 수 있다.

- 우리가 다른 사람을 향한 사역을 목표로 삼는다면
- 우리가 자신의 상처와 두려움을 주님께 맡기고 신뢰한다면
- 우리가 사랑하기로 헌신한 마음에 위배되지 않는 한도에서만 우리의 감정을 표현한다면
- 우리가 다른 사람의 말을 성실하게 경청한다면
- 상대방이 자기 이야기를 좀 더 할 수 있도록 우리가 대화의 문을 잘 열어 둔다면
- 상대방이 그리스도 안에서 안전감과 중요감을 인식할

수 있도록 말하는 법을 우리가 배운다면

요약하자면 그리스도를 통해 하나님이 우리를 용납하셨듯이 우리도 다른 사람을 용납해야 한다는 것이다. 이것이 1단계 상담, 곧 격려의 사역이며, 교회가 회복의 공동체가 되도록 노력해야 할 좋은 출발점이다.

"서로 돌아보아 사랑과 선행을 격려하며 모이기를 폐하는 어떤 사람들의 습관과 같이 하지 말고 오직 권하여 그날이 가까움을 볼수록 더욱 그리하자"(히 10:24-25).

격려를 통한 영적 성장

1장 들어가는 글

1. 성경의 가르침이 차가운 교리만 창출한다면, 그 가르침은 진리를 역동적으로 제시하기보다 성경을 학구적으로만 탐구하기 때문에 그럴 것이다.

13장 격려의 기술 2

1. SOLER에 관해 더 자세히 알고 싶으면 Gerard Egan의 *The Skilled Helper*, 2nd edition(Monterey, Calif.: Brooks/Cole Publishing Company, 1982)를 보라. (『유능한 상담자』 학지사)

14장 지역 교회_ 회복의 공동체

1. 이 책 외에도 Gary Collins가 쓴 *The People Helper Growthbook* (Vision House, 1976)과 Paul Welter가 쓴 *How to Help a Friend* (Tyndale, 1978)가 있다.

2. 자세한 사항은 Columbia Bible College, P.O. Box 3122, Columbia, South Carolina 29230-3122, (803) 754-4100으로 문의하면 된다.

3. Larry Crabb, *Basic Principles of Biblical Counselling*(Zondervan, 1975). (『성경적 상담학 개론』 아가페문화사) *Effective Biblical Counselling*(Zondervan, 1977). (『성경적 상담학』 총신대출판부)

4. 자세한 사항은 기독교 상담 센터에 문의하면 된다. 주소는 100 Fifth Street, Winona Lake, Indiana 46590이다.